효린파파와
함께하는
**참 쉬운,
엄마표 영어**

효린파파와 함께하는 참 쉬운 엄마표 영어

초판 1쇄 발행 2019년 6월 24일
초판 7쇄 발행 2022년 7월 20일

지은이 성기홍
감사한 분들 인터뷰에 응해준 40명의 학생
발행인 엄진이
편집·디자인 이정현
그림 홍단단
인쇄·제작 CH P&C
마케팅 안재호, 박기환
관리 최우성
발행처 글을너머
출판등록 제 2017-000020호
주소 서울시 서초구 사임당로 58 B1 F109호
        대구시 수성구 청솔로4길 42 103-2805
        경남 거제시 장평3로 32 2F
전화 02-6283-0744, 053-427-5898 | **팩스** 050-4373-7582

ISBN 979-11-962822-1-9(73740)

이 책은 저작권법에 따라 보호받는 저작물이므로 무단전재와 무단복제를 금지하며,
이 책 내용의 전부 또는 일부를 이용하려면 반드시 저작권자와 글을너머의 서면동의를 받아야 합니다.

- 잘못된 책은 구입처에서 교환해 드립니다.
- 서적 출판을 원하시는 분은 상기 주소(지역) 어디서든 상담이 가능합니다.

효린파파와
함께하는
참 쉬운,
엄마표 영어

성기홍 지음

Contents

| 프롤로그 | 아이의 영어로 고민하는 모든 부모님들에게 | 8 |
| | '참 쉬운 엄마표 영어' 200% 활용하기 | 10 |

CHAPTER 1 아이와 함께하는 상황별 대화

등장인물   14

PART 1 우리 아이의 행복한 하루

DAY 01	아침에 일어나기	16
DAY 02	잠 깨며 이야기 나누기	18
DAY 03	아침식사 하기	20
DAY 04	식사 시간	22
DAY 05	세수하기	24
DAY 06	양치질하기	26
DAY 07	옷 입기	28
DAY 08	모자 고르기	30
DAY 09	자외선 차단제 바르기	32
DAY 10	배웅하기	34
DAY 11	등원하기	36
DAY 12	승강기 타기	38
DAY 13	오줌 마려우면 선생님께 말씀드려	40
DAY 14	작별 인사	42
DAY 15	전화 통화(안부 묻기)	44
DAY 16	방과 후 픽업가기	46
DAY 17	날씨 ①	48
DAY 18	날씨 ②	50
DAY 19	장 보러 가기	52
DAY 20	자동차 타기 ①	54
DAY 21	자동차 타기 ②	56
DAY 22	신호등 이야기	58
DAY 23	차에서 내리기	60
DAY 24	마트에서 물건 사기	62

DAY 25	물건 정리하기	64
DAY 26	샤워하기	66
DAY 27	책 읽기	68
DAY 28	할머니·할아버지의 방문	70
DAY 29	설거지하기	72
DAY 30	잠자기	74

PART 2 우리 아이가 마주하는 상황별 대화

DAY 31	놀이터에서	78
DAY 32	손톱 깎기	80
DAY 33	숫자 놀이(수 개념 익히기)	82
DAY 34	애완동물에게 밥 주기	84
DAY 35	외식할까? 배달음식 먹을까?	86
DAY 36	버릇 고치기	88
DAY 37	병원가기	90
DAY 38	상처에 약 바르기	92
DAY 39	사진 찍기	94
DAY 40	카페·베이커리에서	96
DAY 41	영화관	98
DAY 42	산책하기	100
DAY 43	수족관·동물원에서	102
DAY 44	다툼 중재하기	104
DAY 45	식물 키우기	106
DAY 46	물놀이	108
DAY 47	대중교통 이용하기	110
DAY 48	장래 희망	112
DAY 49	용돈	114
DAY 50	격려·칭찬하기	116
DAY 51	생일 파티	118
DAY 52	미술 활동	120
DAY 53	아이 업고 놀기	122
DAY 54	화장실 가기	124
DAY 55	휴대폰 사용	126
DAY 56	자전거·킥보드 타기	128
DAY 57	공공 예절	130
DAY 58	훈육	132
DAY 59	소원 빌기·약속하기	134
DAY 60	숙제하기	136

CHAPTER 2 엄마·아빠표 영어의 시작과 끝

1 영어 습득 이유·140 | **2** 유아 영어 습득의 장점·143 | **3** 영어 습득 목표·147 | **4** 모국어 습득과 유사한 영어 습득 과정·149 | **5** 학습과 습득의 차이·151 | **5-1** 학습과 습득의 차이가 주는 시사점·155 | **6** 듣기·말하기·읽기·쓰기 순서·156 | **7** 영어 습득의 끝·162 | **8** 어떻게 영어를 노출해줄까?·163 | **9** 신체 활동을 통한 아웃풋 촉진법·167 | **10** 부모의 영어 능력 한계와 극복 방법·169 | **11** 영어 노출 시 주의점 2가지·171 | **12** 엄마·아빠표 영어의 난관·173 | **13** 영어책 활용의 중요성·175 | **14** 아이에게 맞는 책 선택·177 | **15** 영어 책 단행본 vs 전집·179 | **16** 영어책을 읽어주는 방법·181 | **16-1** 아이가 영어 책 읽기를 거부하는 경우·182 | **17** 영어 발음과 영어책 읽기·183 | **18** 영어와 우리말 발음의 차이 2가지·185 | **19** Phonics(파닉스)·188 | **20** 'phonics'는 어떻게 하면 효과적일까요?·192 | **21** 영어 아웃풋(output)·194 | **22** 질문의 중요성·197 | **23** 우리말(모국어)이 영어에 미치는 영향·199 | **24** 아이의 영어 오류 수정 방법·201 | **25** 문법 학습·205 | **26** 언어 습득에는 지름길이 없다·207 | **27** 엄마·아빠표 영어의 마음가짐·208

CHAPTER 3 대한민국 상위 0.1% 고교생의 영어 습득법

학생 영어습득 사례	213
결과 분석 및 시사점	233

에필로그	엄마·아빠표 영어에서 부모가 중심을 잡고 영어 노출환경을 조성해주는 것이 핵심이다.	239
부록	상황별 영어 대화 카드	241

작가소개

성기홍(효린파파)

80년대에 엄마표 영어로 영어를 일찍 접하였고 학창시절 유난히 영어 과목을 좋아했다. 자연스레 대학에서 영어교육을 전공하게 되었고, 대학원을 졸업하며 학문의 깊이를 더하였다. 28세가 되던 2011년 대구지역 중등 영어 임용고사에 합격하여, 이제는 9년차 고등학교 영어교사로 재직 중이다.

학교에서는 재미있고 쉽게 가르치는 선생님이 되고 싶은 바람이 있으며, 가정에서는 딸 효린이의 '1등 아빠'로 살고 싶은 소망이 있다. 딸이 말문이 틀 무렵부터 영어로 대화하였고, 일화 하나하나를 개인 SNS에 소중하게 담아가고 있다. 이제는 SNS 상에서 '효린파파'로 더 유명한 그가 그 동안 딸과 나누어 왔던 소중한 영어 이야기를 이곳에 담아 놓았다.

인스타그램 hyorin_papa
유튜브 효린파파

프롤로그

아이의 영어로 고민하는 모든 부모님들께
우리 아이가 영어를 쉽게 잘할 수는 없을까?

우리가 학창시절에 속해있던 교육과정에는 최소 6년간의 정규 영어수업이 있었다. 하지만 아이가 호기심을 가지고 질문하는 아주 쉬운 영어에도 쉽사리 대답하지 못하는 경우를 보아왔다. 아마도 영어를 생활 속의 언어로 습득한 것이 아니라 시험을 위한 목적으로 습득했기 때문에 더욱 그럴 것이다.

우리나라에서는 영어가 공용어는 아니지만 제1외국어로서 대학능력시험과 함께 각종 시험 과목에 포함되어 있는 경우를 쉽게 찾을 수 있다. 그런 이유로 영어가 과도하게 입시 중심이 되어 외국어로서 즐길 수 있는 원래의 의미가 다소 퇴색되었다 할 수 있다.

하지만 모국어 이외 다른 말을 할 줄 안다는 것은 즐거운 일이고 대단한 능력임에는 틀림이 없다. 내 아들 딸이 우리말처럼 또 다른 언어를 유창하게 사용한다면 그 사실만으로 설레지 않겠는가?

언어가 하루아침에 공식하나 외워서 터득할 수 있는 그런 분야는 아니다. 하지만 이 세상의 모든 사람들은 하나 이상의 모국어를 아주 쉽게 듣고, 말하고, 쓰고, 읽고 있지 않은가? 우리가 모국어를 체득한 것처럼 우리의 아이들이 외국어도 모국어와 유사한 방식으로 습득할 수만 있다면 고통스러운 영어공부에서 해방되어 즐거운 영어생활이 될 수 있지 않을까?

학교에서 영어를 가르치고 있는 교사로서 또 이제 막 우리말로 수다가 시작된 다섯 살 딸아이의 아빠로서, 부모라면 모두 가지는 고민을 담아 생활 속에 녹아있는 자연스러운 영어습득 노하우를 여러분과 공유하고자 한다.

이 책은 세 Chapter로 구성되어 있다. Chapter 1에서는 부모와 아이가 일상에서 빈번하게 사용할 수 있는 대화, Chapter 2에서는 엄마·아빠가 함께 하는 영어습득 가이드라인, 마지막 Chapter 3에서는 대한민국 상위 0.1% 고교생의 영어 습득 방법을 담았다. 이 책은 우리 아이와 부모 모두에게 영어와 친해지기를 바라는 마음에서 탄생되었으며, 즐거운 마음으로 읽혀졌으면 하는 작은 소망이 있다.

'참 쉬운 엄마표 영어' 200% 활용하기

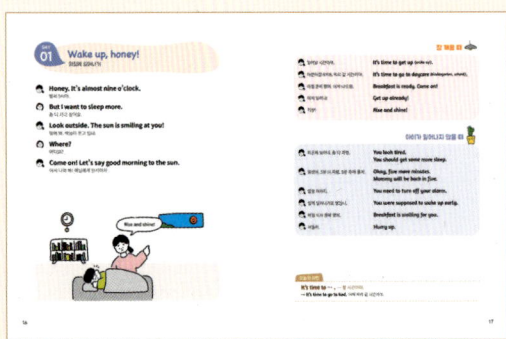

▶▷ Chapter 1은 아이와 할 수 있는 상황별 대화 60개로 구성되어 있습니다. Part I 과 Part II로 나누어져 있으며 Part I은 아이가 아침에 기상해서 취침까지 매일 반복되는 일상 대화 30개, Part II는 아이가 가정에서 혹은 외출 시 마주할 수 있는 현실 대화 30개를 수록하였습니다.

영어권 국가 현지에서 사용하는 표현을 중심으로 우리나라 육아 상황을 충분히 반영하여 실제로 사용하는 표현들만 선정하였습니다. 하나의 상황에 응용 대화 2개를 추가했으며 Chapter 1에 총 60개의 상황, 180개의 대화로 아이와 쉽게 일상에서 적용할 수 있습니다. 발음과 실제 활용 영상은 YouTube '효린파파'에서 만날 수 있습니다. 180개의 대화로 엄마·아빠표 영어를 완성할 수 있습니다.

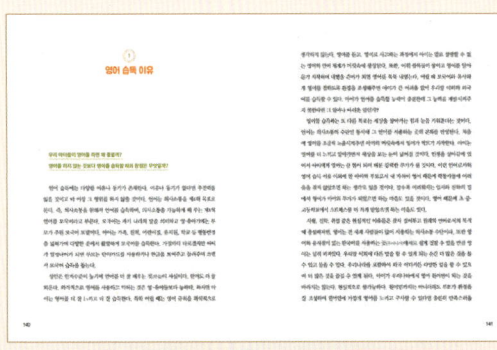

▶▷ Chapter 2는 엄마·아빠표 영어습득 가이드로서, 아이의 영어 습득에 관한 원리와 영어 노출 방법들로 구성되어 있습니다. 이를 통해 엄마·아빠표 영어의 방향과 목표를 설정할 수 있습니다. 또한, 많은 부모님들이 가지는 영어 학습과 교육에 관한 궁금증을 해소할 수 있습니다.

정보의 홍수 속에서 엄마·아빠표 영어의 중심을 잡고 아이와 지속적으로 영어 노출을 실천하게 하는 지침서가 될 것입니다.

▶▷ Chapter 3는 대한민국 상위 0.1% 고교생의 영어 습득 방법에 대해 조사한 결과로 구성되어 있습니다. 소위 우리나라 최고의 대학 그리고 의과대학에 입학했거나 진학할 가능성이 매우 높은 고등학교 학생 40명의 생생한 이야기를 들려드립니다. 학생의 이야기를 토대로 우리 아이에게 맞는 영어 습득방법을 선택하고 확신을 가질 수 있게 도와줄 것입니다.

▶▷ 부록은 총 18개의 대화 카드로 구성되어 있습니다. 가장 빈번하게 사용되는 대화이며, 대화문을 잘라서 그 상황에 맞는 장소에 부착해 두시고 편리하게 활용할 수 있습니다.

필자는 영어에 관심 있는 독자들과 꾸준하게 소통하기를 희망합니다. 인스타그램 hyorin_papa에 '참 쉬운 엄마표 영어'의 주인공인 저의 딸과 영어하는 모습을 포함하여 다양한 정보가 탑재되어 있습니다. 필자와의 소통 창구도 이 계정에 활짝 열려 있습니다.

CHAPTER 1

아이와 함께하는 상황별 대화

| 등장인물 |

PART 1

우리 아이의
행복한 하루

DAY 01 Wake up, honey!
아침에 일어나기

- **Honey. It's almost nine o'clock.**
  거의 9시야.

- **But I want to sleep more.**
  좀 더 자고 싶어요.

- **Look outside. The sun is smiling at you!**
  밖에 봐. 해님이 웃고 있네.

- **Where?**
  어디요?

- **Come on! Let's say good morning to the sun.**
  어서 나와 봐! 해님에게 인사하자.

잠 깨울 때

일어날 시간이야. It's time to get up (wake up).
어린이집(유치원, 학교) 갈 시간이야. It's time to go to daycare (kindergarten, school).
아침 준비 됐어. 어서 나오렴. Breakfast is ready. Come on!
어서 일어나! Get up already!
기상! Rise and shine!

아이가 일어나지 않을 때

피곤해 보이네. You look tired.
좀 더 자렴. You should get some more sleep.
알겠어. 5분 더 자렴. Okay, five more minutes.
5분 후에 올게. Mommy will be back in five.
알람 꺼야지. You need to turn off your alarm.
일찍 일어나기로 했잖니. You were supposed to wake up early.
아침 식사 준비 됐어. Breakfast is waiting for you.
서둘러. Hurry up.

오늘의 패턴

It's time to …. … 할 시간이야.
→ **It's time to go to bed.** 이제 자러 갈 시간이야.

DAY 02: Did you have sweet dreams?

잠 깨며 이야기 나누기

Did you have sweet dreams?
좋은 꿈 꿨니?

I don't think I dreamed last night.
저 꿈 안 꾼 것 같아요.

That's good. It means you had a sound sleep.
다행이네. 푹 잤다는 뜻이야.
What are you planning on doing today?
오늘 뭐 할 거니?

I am going to daycare (kindergarten, school).
저 어린이집 (유치원, 학교) 가요.

Sounds good. Let's get ready then.
그럼 이제 준비해 보자.

*sound 깊은

Did you have a sweet dream?

동생 깨우기

가서 동생 좀 깨워 줄래?	Can you go and wake your brother up?
알겠어요. 윤아 일어나! 우리 어린이집에 늦은 것 같아.	Sure, Mom. Hey, Yoon! We're late for daycare.
이제 일어나야 해.	You have to get up now.

물 마시기

일어나서 물 한 잔 다 같이 마시자.	Let's all have a glass of water when we get up in the morning.
아빠에게 물 한잔 드려.	Please give a glass of water to Daddy.

씻기

화장실에 가서 세수하고 양치질 할래?	Can you go wash your face and brush your teeth?
네, 엄마.	Okay, Mom.
화장실에서 뛰거나 점프하면 안 돼.	Please don't run around or jump inside the bathroom.

오늘의 패턴

Did you …? … 했니?
→ **Did you brush your teeth?** 양치질 했니?

DAY 03 Let's have breakfast.
아침식사 하기

Mom, I'm hungry.
엄마, 배고파요.

Right on time. Have a seat in your chair.
딱 맞게 준비됐네. 의자에 앉자.

It looks good.
맛있어 보여요.

Let me get your spoon and chopsticks (fork) for you.
숟가락이랑 젓가락(포크) 준비해 줄게.

Help yourself.
많이 먹어.

Thanks, Mom.
고마워요, 엄마.

Anytime.
언제든지.

Let's have breakfast.

20

밥을 잘 먹지 않을 때

이것 봐. 이거 네가 좋아하는 거네.	Look at this. It's something that you like.
오늘 네가 좋아하는 그릇에 밥 담았어.	Mommy put your meal in your favorite bowl today.
조금만 먹어도 돼.	You don't have to finish everything.
동생 아침 먹는 것 봐. 맛있나 봐.	Look at your brother eating breakfast. It must be yummy.
맛없으면 안 먹어도 돼.	You don't need to eat it if it doesn't taste good.

'아빠 식사하세요.' 라고 해 줄래?

아빠, 나오세요!	Daddy, come out!
아침 준비됐어요.	Breakfast is ready.
우리 기다리고 있어요.	We are waiting for you.
아침 식어요.	Breakfast is getting cold.

오늘의 표현

"Thank you."에 대한 대답 (Thanks, Thank you so much.)
→ No problem. Any time. Don't mention it. You're welcome. My pleasure.

DAY 04 Is it delicious?
식사 시간

- **Try this. This cucumber is fresh and crisp.**
  오이 한번 먹어 봐. 이 오이가 싱싱하고 아삭아삭 해.

- **I like it. It's delicious.**
  맛이 괜찮네요. 맛있어요.

- **How's today's breakfast? Is it yummy?**
  오늘 아침 식사 어때? 맛있지?

- **Of course, Mom. You made it.**
  네 엄마. 엄마가 요리했잖아요.

- **Thanks for saying that.**
  그렇게 말해줘서 고마워.

  Have some kimchi and Bulgogi as well.
  김치랑 불고기도 먹어 봐.

더 먹을래?

충분히 먹었니? Did you have enough?

밥 더 먹을래? Do you want some more rice?

더 먹고 싶으면 더 달라고 해. Tell me if you want some more.

음식 재료 이야기 해주기

이게 뭔지 알아? Do you know what this is?

이건 애호박이야. 긴 호박이지. This is called zucchini. It is a long squash.

보라색 채소는 가지야. The purple vegetable is eggplant.

위장에 좋아. It's good for your stomach.

샐러드에 채소가 많이 있어. There are many vegetables in the salad.

이건 양상추고, 또 이건 파프리카고 …. This is lettuce, this is paprika, … .

오늘의 어휘

각종 채소 이름

- 양배추:cabbage • 가지:eggplant • 감자:potato, • 고구마:sweet potato • 당근:carrot
- 마늘:garlic • 무:radish • 시금치:spinach • 버섯:mushroom • 연근:lotus root
- 오이:cucumber • 파:spring onion(scallion) • 양파:onion • 볶은 채소:stir-fried vegetable

*채소: vegetable, greens, veggie

DAY 05 It's time to wash up.
세수하기

- **Now it's time to wash up.**
  세수할 시간이야.
  Let's go to the bathroom.
  화장실로 가자.

- **Alright.**
  알겠어요.

- **Wet your hands first, and then make bubbles with soap.**
  손부터 씻고 손에 거품 만들어 봐.

- **I'm finished.**
  다했어요.

- **Rub them on your face and rinse them with water.**
  이제 얼굴에 문지르고 물로 헹궈.

*wash up 세수하다

세수하기 전

 눈곱 봐!
= 눈에 눈곱 꼈구나.

따뜻한 물 방향으로 손잡이를 돌려.

물이 너무 뜨겁지 않게 조심해.

세면대에 물 받자.

Look at your eye booger!
= You have sleep in your eyes.

Turn the tap to the warm side.

Make sure the water is not too hot.

Fill up the sink with water.

세수하고 난 후

이제 깨끗해 보이네.

기분 좋지 (상쾌하지)?

깨끗한 수건으로 얼굴 닦자.

Now, you look clean.

Do you feel good (refreshed)?

Dry your face with clean towel.

오늘의 패턴

You look ⋯ . ⋯ 해 보여.
→ **You look so pretty.** 너 정말 예뻐 보여.

DAY 06 Brush your teeth, sweetie.
양치질하기

Brush your teeth, sweetie.
우리 딸, 양치질 하자.

Okay. I am ready.
네. 준비됐어요.

Did you get a cup of tap water?
수돗물 한 컵 떠놨니?

Oops! I forgot. I have it now.
앗! 깜빡했어요. 이제 준비됐어요.

Nice and soft. Up and down. All around.
천천히 살살 닦아보자. 위, 아래, 구석구석 닦자.

Am I doing it right?
저 맞게 하고 있나요?

Yes, you are doing great.
그래, 정말 잘하고 있네.

양치질 준비하기

칫솔 어디에 있어?	Where is your toothbrush?
여기요.	Here.
칫솔에 치약 묻혀 봐. 치약을 너무 많이 혹은 너무 적게 바르진 말고.	Put some toothpaste on the brush. Make sure you don't put too much or too little.
네.	Alright.

입 헹구기

끝났어?	Are you finished?
네.	Yup.
그럼 물로 입 헹구자. 물 뱉는 것 잊지 말고.	Rinse your mouth with water. Don't forget to spit out the water.
네.	Okay.

오늘의 패턴

Where is …? … 어디에 있어?
→ **Where is your toothpaste?** 치약 어디에 있지?

DAY 07 What do you want to wear today?
옷 입기

What do you want to wear today?
오늘 뭐 입고 싶어?

I want to wear this dress.
저 오늘 이 원피스 입고 싶어요.

I like it. It goes well with today's weather, too.
나도 그거 좋아. 이 원피스 오늘 날씨와도 잘 어울리네.

Look at you!
우와 예쁘다!

You look adorable.
너 사랑스러워.

Thanks, Mom.
감사해요, 엄마.

What do you want to wear today?

엄마가 권한 옷이 마음에 들지 않을 때

이 파란색 티셔츠와 바지 입는 것은 어때?	How about wearing this blue shirt with these pants?
그것보단 전 핑크색 티셔츠 입고 싶어요.	I want to wear this pink shirt.
좋긴 한데. 이 핑크색 셔츠는 세탁해야 해. 지금 더럽거든. 엄마가 오늘 깨끗하게 빨아놓을게. 내일 입으면 되잖아.	Alright, but this pink one needs to be washed. It's dirty. Mommy will wash it today and you can wear it tomorrow.
네, 엄마.	Okay, Mom.

단추 채워 주세요.

이거 잘 안돼요. 단추 채워주실 수 있나요?	I can't do this. Can you button it up?
그래, 한번 보자. 엄마가 채워 줄게.	Okay, Mommy will button it up for you. Let me see.

오늘의 어휘

각종 옷 이름

- 재킷 : jacket • 다운재킷 : down jacket • 반팔 셔츠 : short-sleeve shirt
- 긴팔 셔츠 : long-sleeve shirt • 반바지 : shorts • 긴 바지 : pants • 타이즈 : tights
- 원피스 : (one-piece) dress • 치마 : skirt • 내복 : long underwear • 청바지 : jeans

DAY 08 How about putting this hat on?
모자 고르기

The sun is so strong today.
오늘 햇볕이 강하네.

Which one do you want to wear? A visor or a hat?
어떤 모자가 쓸까? 챙모자 아님 그냥 모자?

I like this one.
전 이게 좋아요.

That's a nice visor (hat). Can you put it on by yourself?
이 챙모자(모자) 예쁘네. 혼자 쓸 수 있겠니?

Sure, I can do it myself.
네, 혼자 할 수 있어요.

Good girl.
좋아.

*visor 챙모자

가방 메기

가방 챙기자.	Let's pack your bag.
식판 넣었니?	Do you have your lunch tray?
가방 잠그고 가방 메자.	Zip up your bag and put it on.
도와줄까?	Do you need help?

신발 고르기

어떤 신발 신고 싶어?	Which shoes do you want to wear?
이 운동화가 청바지와 잘 어울리는 것 같아.	I think the sneakers go well with these jeans.
이 샌들 신을래?	Do you want to wear these sandals?
양말부터 신자.	Let's put your socks on first.

오늘의 패턴

Look how … you are! 너 정말 … 하다!
→ **Look how handsome you are.** 너 정말 잘 생겼다.
→ **Look how dirty your hand is.** 너 손 정말 더럽구나.

DAY 09 Let's put sunscreen on.
자외선 차단제 바르기

Look outside. It's sunny and hot today.
밖에 봐. 오늘 해가 쨍쨍하고 더워.

Your skin will get tanned in the sun.
오늘 햇볕 받으면 많이 타겠다.

Let's put this sunscreen on.
자외선 차단제 바르자.

Okay, Mom.
네, 엄마.

Can you close your eyes?
눈감아 볼래?

Your eyes will hurt if it gets into your eyes.
자외선 차단제가 눈에 들어가면 아파.

Sure, I will keep my eyes closed.
네, 계속 눈 감고 있을게요.

자외선 차단제 바르기②

 목이랑 팔에도 선크림 바르자. Let's put sunscreen on your neck and your arms, too.

너 선크림 안 바르면 피부가 탈거야. Your skin will be tanned if you don't put it on.

아빠 얼굴에 선크림 발라줄래? Can you put some sunscreen on Daddy's face?

2시간에 한 번씩 바르는 것 잊지 마. Remember to put some on every two hours.

자외선 차단제를 바를 필요가 없을 때

오늘은 선크림 안 발라도 돼. I don't think you need sunscreen today.

오늘 밖에 비와. It's raining outside.

선크림은 비 오지 않을 때 바르자. You can put it on when it's not raining.

오늘의 패턴

Can you …? 이거 좀 … 해 줄래?
→ **Can you bring some water for Daddy?** 아빠한테 물 좀 가져다줄래?

DAY 10 It's time to say goodbye to Daddy.
아빠한테 인사하기(배웅하기)

Daddy is going to work now.
이제 아빠 출근해야 해.
Let's say goodbye to Daddy.
아빠한테 '잘 다녀오세요.' 하자.

Bye, Daddy.
아빠, "잘 다녀오세요."

Can you give Daddy a kiss?
뽀뽀해 줘야지?
Daddy will come back home early today.
아빠 오늘 일찍 올게.
Do you want Daddy to get something on the way home?
아빠 집에 올 때 뭐 사올까?

It's time to say goodbye to Daddy.

출근할 때 ①

오늘 뭐 할 거야?	What are you going to do today?
오늘 어디 갈 거야?	Where are you going today?
오늘 소풍 잘 다녀와.	Have fun on your field trip.
친구랑 재미있게 놀아.	Enjoy playing with your friends.

출근할 때 ②

어린이집에서 재밌게 보내.	Have fun at daycare.
오늘 할머니 말 잘 들어.	Be good to your Grandma today.
아빠 보고 싶으면 전화해.	Call me if you miss Daddy.
유치원에 늦지 마.	Don't be late for kindergarten.

오늘의 패턴

Have fun with … . … 즐겁게 해.

→ **Have fun with Mom today.** 오늘 엄마랑 재밌게 놀아.

DAY 11 — We are running late for kindergarten (daycare, school). 등원하기(등교하기)

- **We need to leave now.**
  이제 나가야 해.
  We are running late for daycare.
  우리 어린이집에 늦겠다.

- **Okay. Let's hurry up.**
  네. 어서가요.

- **Put your shoes on and open the door please.**
  신발신고 문 열어 줘.

- **Okay. I just did it.**
  네. 방금했어요.

- **Mommy is outside. Can you close the door?**
  엄마도 나왔으니 문 닫아 줄래?

- **Sure.**
  네.

신발 신기

- 신발 신어 볼까? — Can you put your shoes on?
- 네 신었어요. — I'm done.
- 잘했어. — Great job.
  다 컸네, 다 컸어. — Look how grown up you are.

신발을 반대로 신었을 때

- 신발 신어 볼까? — Can you put your shoes on?
- 네 신었어요. — I put them on.
- 그런데 신발을 반대로 신었어. — But you are wearing them the wrong way.
  신발을 바로 신어 볼까? — Can you wear them properly?
  왼쪽 신발은 오른쪽에, — Put your left shoe on the right,
  오른쪽 신발은 왼쪽에. — and your right shoe on the left.

오늘의 패턴

We need to ⋯ . 우리 ⋯ 해야 돼.
→ **We need to hurry up.** 우리 서둘러야 해.

DAY 12 Get on the elevator.
승강기 타기

- **Can you press the button for going down?**
  내려가는 버튼 눌러 줄래?

- **Like this? I did it.**
  이렇게요? 했어요.

- **The door is open.**
  문이 열렸네.
  Get on the elevator.
  승강기에 타자.

- **Okay, Mom.**
  네, 엄마.

- **Can you press the 'B1' button, please?**
  'B1'버튼 눌러 줄래?

- **Sure, Mom.**
  네, 엄마.

다른 사람이 더 탈 때

 문 계속 열어 줄래? Can you hold the door, please?

사람들이 들어오고 있어. People are coming in.

사람들 기다리자. Let's wait for them.

모두 탔어. Everyone is in.

이제 버튼에서 손 떼도 돼. You can let go of the button.

안전관련 주의 주기

승강기에서 뛰면 위험해. It's dangerous to jump in an elevator.

승강기 문은 만지면 안 돼. You should not touch the elevator door.

너 다칠 수 있어. You could get hurt.

조심해. Be careful.

오늘의 패턴

Get on (off) the … . … 에 타자 (내리자).
→ **Get on the subway·escalator·bus.** 지하철·에스컬레이터·버스에 타자.

DAY 13
Tell your teacher if you want to pee.
오줌 마려우면 선생님께 말씀드려.

- **Rin. What do you do when you want to pee?**
  오줌 마려우면 어떻게 해야 하지?

- **Um...**
  음...

- **Tell your teacher when you want to pee, okay?**
  오줌 마려우면 선생님께 말씀드려야 돼. 알았지?

- **Okay, Mom.**
  네, 엄마.

- **So, what do you do if you want to go to the toilet?**
  그래서 화장실 가고 싶으면 어떻게 해야 하지?

- **Tell my teacher that I want to pee.**
  선생님께 화장실 가고 싶다고 해야 해요.

- **That's good.**
  잘했어.

화장실 가고 싶다고 표현하기

오줌 마려우면 이야기 해.	Tell me if you want to pee.
똥 누고 싶으면 이야기 해.	Let me know if you need to poo.
화장실 가고 싶으면 할머니에게 말씀드려.	Tell your Grandma if you need to use the toilet.
기저귀 갈아 달라고 말하렴.	Tell me if you want to change your diaper.

대변 치우기

다 했어?	Are you finished?
이제 엉덩이 씻자.	Let's wash your butt.
냄새 안 좋아?	Does it smell bad?
냄새는 별로인데 사랑스러운 냄새네.	It smells bad but lovely at the same time.

오늘의 패턴

Tell me if you want to … . … 하고 싶으면 나에게 말 해.
→ **Tell me if you want to have snacks.** 간식 먹고 싶으면 이야기 해.

DAY 14 See you later.
작별 인사

Rin, have fun at daycare.
린, 어린이 집에서 즐거운 시간 보내.

Sure, I will. Don't worry.
네, 그럴게요. 걱정 마세요.

Are you going to work now?
이제 출근하세요?

Yes, my dear. I am going to work, now.
그래, 우리 딸. 이제 출근해야지.

You too, have fun. See you later.
엄마도 즐거운 하루 보내세요. 좀 있다 봐요.

See you later, sweetie.
좀 있다 보자.

42

헤어지기 싫어 할 때

엄마도 너랑 헤어지기 싫어.	Sweetie, Mommy doesn't want to say goodbye, either.
그런데 엄마 이제 가야해.	But I have to go.
오늘은 정말 일찍 올게.	I will be back really early today.
약속해.	I promise.
오는 길에 맛있는 것 사 올게.	On the way back I will get you something sweet.

다양한 작별인사

친구들이랑 재미있게 놀아.	Have fun with your friends.
오후에 봐.	See you in the afternoon.
따뜻하게 입고 있어.	Stay warm.
좀 있다가 봐.	Catch you later.

오늘의 표현

아이들과 함께 쓸 수 있는 재미있는 인사법

- **See you la<u>ter</u>, allig<u>ator</u>.** 좀 있다가 봐.
- **After a <u>while</u>, cro<u>codile</u>.** 그래, 좀 있다가 봐.

  ('later'과 'alligator', 그리고 'while' 과 'crocodile'이 라임을 이루고 있어 재미있는 인사로 사용할 수 있음. 성인들끼리 쓰기에는 다소 유치한 표현)

DAY 15
How is your day going?
전화 통화(안부 묻기)

Rin, this is Daddy.
린, 아빠야.

How is your day going?
오늘 잘 보내고 있어?

Good. How about you?
네 아빠. 잘 보내고 있어요. 아빠는요?

Daddy is alright. Did you have lunch?
아빠도 잘 보내고 있지. 점심은 먹었니?

Yes, I had pumpkin porridge.
네, 오늘 호박죽 먹었어요.

Sounds good. Daddy is having noodle.
좋네. 아빠도 점심으로 국수 먹는 중이야.

Catch up with you later.
우리 좀 있다 봐.

How is your day going?

Good. How about you?

목소리가 잘 들리지 않을 때

목소리가 들리지 않아.	Daddy can't hear you.
좀 더 크게 이야기 해줄래?	Can you speak louder please?
목소리가 끊겨.	You are breaking up.
전화 연결 상태가 좋지 않아.	The connection is bad.
다시 전화 할게.	Daddy will call you back.

퇴근길에 요청사항이 있는지 물어보기

퇴근길에 뭐 사갈까?	Do you want Daddy to get you something on the way home? = What do you want Daddy to get you on the way home?
어린이 집 끝나고 뭐 할까?	What do you want to do after daycare?

오늘의 패턴

How is your ··· going? ··· 잘 되어가고 있니?
→ **How is your puzzle going?** 퍼즐 잘 하고 있니?

DAY 16 Did you have a nice day?
방과 후 픽업가기

- **Hey, Rin. Look who came!?**
  린. 누가 왔을까!?

- **Daddy!**
  아빠!

- **Did you have a good day?**
  오늘 즐겁게 보냈어?

- **Yes, I had fun with my friends.**
  네, 친구들과 재미있게 놀았어요.

- **That's good to hear. Let's go home.**
  그래 잘했구나. 집에 가자.
  How did you get to daycare today?
  오늘 어린이집에 뭐 타고 왔니?

- **I walked today.**
  저 오늘은 걸어왔어요.

Look who came?!

선생님께 인사하기

🧑 선생님께 인사드리자.　　Say bye to your teacher.
　　배꼽 손!　　　　　　　Hands on your belly.
　　잘했어.　　　　　　　Good girl (boy).

다른 곳 들르기

🧑 다른 데 들를까?　　　　Would you like to go somewhere?
　　슈퍼마켓에 들를까?　　Do you want to stop by the market?
　　놀이터에서 놀까?　　　Do you want to go play at the playground?
　　밝을 때 산책 갈까?　　Why don't we go for a walk while
　　　　　　　　　　　　it's still bright outside?

오늘의 패턴

Would you like to … ? … 할래?
→ **Would you like to visit Grandma?** 할머니 댁에 갈까?
→ **Would you like to go to the kids cafe?** 키즈 카페에 갈까?

DAY 17 How is the weather today?
날씨 ①

Rin, Daddy likes the breeze.
린, 선선한 바람이 좋네.

I like it, too.
저도 좋아요.

How's the weather today?
오늘 날씨 어때?

It's sunny and a little windy.
오늘 햇볕 나고 바람이 불어요.

Daddy thinks so, too.
아빠도 그렇게 생각해.

Did you put sunscreen on?
선크림은 발랐니?

Of course, I did. What about you?
당연히 발랐죠. 아빠는요?

날씨 묻는 표현

밖에 날씨 어때?	How is it outside?
오늘 날씨 어때?	What's the weather like today?
밖에 비 와?	Is it raining outside?
TV에서 오늘 비 온다고 했어.	TV said that it's going to rain today.

어제 날씨 묻기

어제 날씨 어땠지?	How was the weather yesterday?
바람이 불었어요.	It was windy.
맞아 그랬지. 근데 오늘은 바람이 불지 않네.	Yeah right. But it's not windy today.

오늘의 패턴

Is it … ? … 이에요?
→ **Is it yummy?** 그거 맛있어요?

DAY 18 We need to take an umbrella.
날씨 ②

Look, it's raining a lot. (= It's pouring outside)
밖에 비가 많이 오네.

Do you want to feel the rain? Give me your hand.
비오는 것 느껴볼래? 손 줘 봐.

It's cool.
시원해요.

It feels nice, right?
느낌 좋지?

We need to take an umbrella.
우산 가져가야 해.

I want to take my umbrella.
전 제 우산 가져갈래요.

Sure, here it is.
그래 여기 있다.

다양한 날씨 표현

하늘 봐. 오늘 하늘이 무척 깨끗하네.	Look at the sky. The sky is so clear today.
오늘 너무 더워. 여름이 오려나 봐.	It's so hot today. Summer is coming.
아빠는 이 더위를 싫어해.	I can't stand this heat.
그늘에 있자.	Let's stay in the shade.
곧 비가 쏟아질 것 같아.	The sky looks threatening.
구름이 잔뜩 꼈네.	It's cloudy.
구름이 태양을 가리고 있어.	Clouds are blocking the sun.
지금 습해.	It's humid.

눈이 온다면...

눈 오면 뭐 할 거야?	What are you going to do when it snows?
전 눈사람 만들 거예요.	I am going to make a snowman.
그래 좋아. 아빠랑 엄청 큰 눈사람 만들자.	Okay. Let's make a huge snowman together.

오늘의 표현

- **Here it is.** 여기 있어. = **Here you go.**
- **Here you are.** (목적지에) 다 왔어요.
- **There you are.** (숨바꼭질 등) 여기 있었네.
- **Here we go.** 자 간다. 시작하자.
- **There you go.** 바로 그거야. 잘했어.

DAY 19 Let's go grocery shopping.
장 보러 가기

- **Rin, why don't we go grocery shopping?**
  린, 우리 장 보러 갈까?

- **Sure. Let's go.**
  좋아요. 가요.

- **Which supermarket do you want to go to?**
  어떤 슈퍼마켓에 갈까?

- **I want to go to H-Mart.**
  H-마트에 가요.

- **Alright. Hop in.**
  그래 그러자. 차에 타렴.

  Don't forget to buckle your seatbelt.
  안전벨트 매는 것 잊지 말자.

Let's go grocery shopping.

마트에서 살 물건 정하기

- 우리 마트에서 뭐 살까?
- 바나나와 젤리요.
- 그래. 그리고 고기랑 채소도 사자.

- What should we get at the mart?
- Bananas and jellies.
- Okay. Daddy will get those. And we should get some meat and veggie, too.

구매하면 안 되는 물건 미리 말하기

- 린. 근데 오늘 장난감은 안살거야.
- 왜 사면 안돼요?
- 이미 린이 장난감 많고 어제 새 블록 장난감 샀잖니.
- 네, 아빠.
- 이해해 줘서 고마워, 우리 딸.

- Rin. We are not going to buy any toys today.
- Why not?
- You already have a lot of toys. We even got new blocks yesterday.
- Okay, Dad.
- Thanks for understanding, sweetie.

오늘의 패턴

What should we …? 우리 … 해야 하지?
→ **What should we do, now?** 우리 이제 뭐하지?
→ **What should we eat?** 우리 뭐 먹지?

DAY 20
Hop in the car.
자동차 타기 ①

Rin, can you find Daddy's car?
린, 아빠 차 찾아볼래?

There it is.
저기 있어요.

Can I unlock the door?
제가 문 열어도 되요?

Sure you can. Press the button.
물론. 버튼 눌러봐.

Great. Hop in the car.
맞아. 차에 이제 타렴.

Watch your hands when you close the door.
문 닫을 때 손 조심해.

What do you need to do once you are in the seat?
자리에 앉으면 뭘 해야 하지?

유아용 카시트에 앉히기

- 왜 제자리와 아빠 자리가 달라요?
  Why is my seat different?

- 왜냐하면 아직 린은 아빠, 엄마 자리에 앉기에는 너무 작단다.
  어른들 자리에 앉으면 다칠 수도 있어.
  It is because you are too small for Mommy and Daddy's seat.
  You might get hurt if you sit in adult seat.

- 네 알겠어요.
  Alright.

안전벨트 매기

- 안전벨트 매자.
  Fasten your safety belt (seatbelt), please.

- 도와주실 수 있나요?
  Can you help me?

- 그래, 한번 보자.
  이제 준비 됐어. 출발할까?
  Okay, let me see.
  We are all set. Ready to go?

오늘의 패턴

If you ···, you can ···. 만약 ···하면, 너 ···할 수 있어.
→ **If you finish your meal, you can have your cookies.** 밥 다 먹으면 쿠키 먹을 수 있어.

DAY 21
Look outside. There are many flowers.
자동차 타기 ②

Look outside.
밖에 봐.
There are so many flowers on the street.
길에 꽃이 많네.

Where?
어디요?

They are on your right. Can you see them?
오른쪽에 꽃이 있어. 찾았니?

Yeah, they are pretty.
네 찾았어요. 예뻐요.

What else do you see?
길에서 또 다른 것들은 뭐가 보여?

노래 및 이야기 재생하기

노래 듣고 싶니 아니면 이야기 들려줄까?	Do you want to listen to music or stories?
이야기요.	Stories.
어떤 이야기 들려줄까?	Okay, what story do you want?
토끼와 거북이요.	The Hare and the Tortoise, please.
자동차 멈추면 틀어줄게.	Daddy will play it when the car stops.

창문 열기

차안이 좀 덥네(답답하네). 창문 열어줄래? 왼쪽에 버튼이 있어.	It's warm (stuffy) in the car. Can you open the window, please? The button is on your left.
네, 아빠.	Sure, Dad.

오늘의 표현

위치 표현

- It's <u>on your right/left</u>. 그거 오른쪽/왼쪽에 있어.
- The book is <u>behind</u> you. 책이 너 뒤에 있어.
- The dinosaur doll is right <u>in front of</u> you. 공룡 인형이 너 바로 앞에 있어.
- The cup is <u>next to</u> you. 컵이 너 옆에 있어.

*right 오른쪽의, 바로

DAY 22 We need to stop when the light is red.
신호등 이야기

Why did we stop?
우리 왜 멈췄어요?

We need to stop when the traffic light is red.
빨간불 일 땐 정지해야 해.
And we can go when it turns green.
그리고 초록색으로 바뀌면 다시 출발 해.

What happens when it is yellow?
그럼 노란색은요?

It's better to stop when it's yellow.
노란색일 때도 멈추는 것이 좋아.
It will turn red really quickly.
곧 빨간색이 될 거야.
It's a warning that you should stop.
멈추라고 경고하는 거야.

좌회전 신호

아빠, 지금 빨간불인데 왜 가요?	Daddy, the light is red, but why are we going now?
아! 빨간불이긴 한데 좌회전 신호가 있어서 괜찮아.	Oh! I know it is red, but there is a "Left Turn Signal."
빨간색 불 옆에 초록색 화살표 보이니?	Can you see the green arrow next to the red light?
저게 좌회전 신호야.	That's the left turn signal.
좌회전 신호 불이 들어오면 좌회전해도 돼.	We can turn left when there is a left turn signal.

모두 슈퍼마켓에 가는 것 같아요!

아빠 저기 봐요. 모든 차들이 슈퍼마켓에 가는 것 같아요.	Look Daddy! All the cars are going to the supermarket.
오! 모든 차들이 슈퍼마켓으로 향하는 것 같네.	Oh! It looks like they are all heading to the supermarket.
거기서 모두 다 같이 만나면 되겠다.	We can meet them there.

오늘의 패턴

We are heading (going) to ⋯ . 우리는 ⋯으로 가고 있어.
→ We are heading to Grandma's house. 우리는 할머니 댁으로 가고 있어.

DAY 23 Can you unbuckle your seatbelt?
차에서 내리기

We are now at H-mart.
자 이제 마트에 도착했네.

I am excited.
와 신난다.

Good. Can you unbuckle your seatbelt?
좋아. 그럼 안전벨트 풀어볼래?

Do you need help with it?
벨트 푸는 것 도와줄까?

I unbuckled it.
저 했어요.

Very nice. Let's get out of the car now.
잘했어. 이제 차에서 내리자.

Be careful when you open the door.
문을 열 때는 조심해.

장바구니 챙기기

린, 우리 장바구니 가져가는 것 잊지 마.	Rin, make sure you bring our shopping bag.
네 아빠.	I will, Daddy.
고마워, 우리 딸.	Thanks, sweetie.
별말씀을요.	My pleasure.

자동차 문 잠그기

차 문 잠가 줄래?	Can you lock the door, please?
네.	Sure.
문에 있는 버튼 눌러줘.	You can press the button on the door.
(삐-삐)	(Beep-Beep)
고마워.	Thank you.

오늘의 패턴

Make sure you ⋯ . ⋯ 하는 것 잊지 마.
→ **Make sure you wash your hands.** 손 씻는 것 잊지 마.

DAY 24 — Which section do you want to go to first?

마트에서 물건 사기

Rin, which section (aisle) do you want to go to first?
린, 어느 구역(통로)부터 먼저 갈까?

Chocolate!
초콜릿이요!

Alright. Let's go to the snack section first.
그래 알았어. 과자 파는 곳부터 가자.

What do you want today? Pick one.
뭐 살래? 하나 골라 봐.

I want this one.
이거 할래요.

Good choice. Let's go get some veggies.
잘 골랐네. 이제 채소 사러 가자.

Please don't open it until Daddy pays for it.
계산하기 전에는 포장 뜯으면 안 돼.

마트 카트 유아석에 앉기

- 카트 어린이 자리에 앉을까? — Do you want to sit in the cart?
- 네 아빠. — Yeah, Daddy.
- 이제 린이 들어 올릴게. — I am going to pick you up.
- 네. — Okay.

물건 계산하기

- 초콜릿 잠시 줘 볼래? — Can you pass me the chocolate?
- 여기요. — Here it is.
- 일단 계산하고 다시 줄게. — We need to pay first and then I will give it back to you.
- 감사해요 아빠. — Thanks, Dad.

오늘의 패턴

Can you pass me … ? … 줄래?
→ **Can you pass me the cup, please?** 컵 좀 줄래?

DAY 25 Can you put milk in the fridge?
물건 정리하기

We're home now. The bag was so heavy.
이제 집에 왔네. 가방이 너무 무거웠어.

Can you put the milk in the fridge?
우유를 냉장고 안에 넣어줄래?

I did it.
했어요.

Just one more thing. Would you please put the shopping bag away?
하나만 더 도와줘. 장바구니 정리해 줄래?

You are always a big help.
넌 항상 큰 도움이 돼.

Thanks, sweetie.
고마워, 우리 딸.

물건 정리하기

블록을 박스 안에 넣어 볼까?	Can you put the blocks back in the box please?
네 아빠. 도와주실 거죠?	Okay. Can you help me?
그래. 같이 하자. 조심해. 블록 밟으면, 많이 아플 거야.	Sure, let's do it together. Watch out. If you step on a piece, it's going to hurt.

방 정리하기

방이 엉망이구나. 정리하자. 너는 책을 책꽂이에 꽂고 아빠는 방을 닦을게.	Look how messy the room is. Let's clean it up. You can put the books back and Daddy can mop the floor.
좋아요. 아빠.	Sounds good. Dad.
그래. 시작하자.	Alright, let's get moving.

오늘의 패턴

You mean … ? (억양 끝을 올리기↗) … 라는 의미죠?
→ You mean you want to have some chocolate? 초콜릿 먹고 싶다는 말이지?

DAY 26 Let's take a shower.
샤워하기

Rin, it's time to take a shower.
린, 샤워할 시간이야.

Okay, Dad.
네, 아빠.

Take off your clothes and come in.
옷 벗고 들어와.

Daddy is going to shampoo your hair.
아빠가 머리 감아줄게.

Make sure you close your eyes.
눈 꼭 감아야 돼.

Let's rinse your hair.
이제 머리 헹구자.

Okay, your hair is done.
자, 머리는 다 씻었네.

Let's get squeaky clean.

몸 씻기

- 손 좀 주겠니?
  손에 비누 줄게.
  Can Daddy have your hands, please?
  Daddy will put some soap on your hands.

- 네, 손 여기요.
  Okay, here you go.

- 자 이제 몸에 비누칠하면서
  문질러줘. 뽀드득 깨끗하게.
  Now, rub it on your body.
  Let's get squeaky clean.

몸 닦고 머리 말리기

- 수건 여기 있어.
  머리랑 몸 닦아볼래?
  Here's a towel for you.
  Can you dry your hair and body?

- 네.
  Sure.

- 아빠 무릎에 앉아서 드라이기로
  머리 말리자.
  Sit on Daddy's lap and let's dry your hair
  with a hair dryer.

로션 바르고 옷 입기

- 여기 로션 있어.
  얼굴에 발라보자.
  Here's some lotion for you.
  Put it on your face.

- 고마워요 아빠.
  Thanks, Dad.

- 이제 뭐 입을래?
  이 잠옷 어때?
  What do you want to wear now?
  What about these pajamas?

DAY 27  Which book do you want to read today?
책 읽기

Which book do you want to read today?
오늘 어떤 책 읽을까?

We can read about either a princess or a bear.
우리 공주나 곰 이야기 읽을 수 있어.

Or, you can pick one and bring it to Daddy.
아니면, 책 한권 골라서 아빠에게 가져와도 돼.

Sure. I want to read a story about a squirrel.
네. 저 오늘 다람쥐이야기 읽을래요.

That sounds good.
그래 좋아.

Sit on Daddy's lap and let's read it together.
아빠 다리에 앉아서 같이 읽어보자.

What do you see on the cover?
표지에 뭐가 보여?

Let's read it together.

책 읽으며

다음 장으로 가보자.	Let's move on to the next page.
한 장 넘겨볼까?	Can you turn the page over?
다람쥐가 뭐하고 있어?	What is the squirrel doing?
다람쥐가 왜 이것을 하고 있다고 생각해?	Why do you think the squirrel is doing this?
다음에 어떤 일이 일어날까?	What will happen next?

책 읽기 후

우리 이 책 다 읽었네.	We finished this book.
책 끝부분에 반전이 있어서 아빠는 이 책이 좋았어.	Daddy likes this book because there is a twist at the end.
다른 책 한권 더 읽을까?	Do you want to go for another book?
이 책 책꽂이에 꽂아 놓고 다른 책 가지고 올래?	Can you put the book back on the shelf and bring another one?

오늘의 패턴

What … did you like the most? 어떤 …이 가장 좋았어?
→ **What music did you like the most?** 어떤 노래가 가장 좋았어?

DAY 28 Grandma is home.
할머니·할아버지의 방문

- **Listen, someone's ringing the bell. Grandma is here.**
  누가 벨 누르네. 할머니 오셨다.

- **Yeah!**
  야호!

- **Can you open the door for them?**
  린이 문 열어 드릴래?
  Let's say hi to Grandma and Grandpa.
  할머니 할아버지께 인사드려야지.

- **Hi, Grandma and Grandpa.**
  할머니 할아버지, 안녕하세요.

- **Rin. Let them come inside.**
  린. 할아버지 할머니 들어오시라고 해.

- **Grandma, how have you been?**
  할머니 잘 지내셨어요?

70

오늘 있었던 일 이야기하기

- 린, 여기 와서 앉아봐. — Rin, come over here and have a seat.
- 네. — Okay.
- 오늘 할머니께 뭐 했는지 말씀드려. — Tell your Grandma what you did today.
- 네, 엄마. — Sure, Mom.

어른에게 다과 먼저 권하기

- 린, 뭔가를 먹을 땐 할아버지 할머니부터 드리는 거야. 그렇게 할 수 있지? — Rin, when we're eating something, you need to serve Grandma and Grandpa first. Can you do that?
- 네, 할 수 있어요. 할머니. 포도 좀 드세요. — Yes, I can. Have some grapes, Grandma.
- 고마워, 우리 손녀. — Thank you, darling.

오늘의 패턴

Have some … . … 드세요.
→ **Have some cookies.** 과자 좀 드세요.
→ **Have some fruits.** 과일 좀 드세요.

DAY 29 Do you want to do the dishes?
설거지하기

Rin. Can you bring me the cups on the table?
린. 테이블 위에 컵 가져다줄래?
Be careful with the glass.
유리는 조심해.

I will be careful, Mom.
네 조심 할게요, 엄마.

Thanks. Do you want to do the dishes?
고마워. 설거지도 해 볼래?

Okay. I can try, but I think it will be better if you help me.
네. 한번 해 볼게요. 근데 도와주시면 좋을 것 같아요.

테이블 닦기

행주로 테이블 한번 닦아 주겠니?	Can you wipe the table with a rag?
네 엄마.	Sure, Mom.
엄마와 아빠 도와줘서 고마워.	Thanks for helping Mom and Dad.
물론이죠.	No problem.

그릇 닦아서 넣기

린, 아빠가 접시 어떻게 닦는지 보여줄게.	Hey, Rin. Daddy will show you how to dry the dishes.
마른 행주로 접시를 조심히 닦으면 돼.	Get a dry dish towel and wipe the dishes carefully.
그리고 접시를 쌓아 두면 돼.	Then you can stack the dishes.
아빠가 수납장에 그릇 넣을게.	Daddy will put all the dishes back in the cupboard.

오늘의 패턴

Thanks for ⋯ . ⋯ 해줘서 고마워.
→ **Thanks for saying that.** 그렇게 말해줘서 고마워.

DAY 30 Sweet dreams.
잠자기

It's time to go to bed. Daddy is tired now.
이제 자러갈 시간이야. 아빠도 이제 피곤하네.

Are you sleepy, too?
너도 졸리지?

Yes, Dad. I am tired, too.
네 아빠. 저도 피곤해요.

Do you want Daddy to sing a lullaby?
자장가 불러 줄까?

Yes, please.
네 좋아요.

Goodnight and sweet dreams.
푹 자고 좋은 꿈 꿔.

You too, Dad.
네, 아빠도요.

자기 전에 화장실 가기

자기 전에 화장실 안가도 돼?	Don't you need to use the bathroom before going to bed?
네, 안가도 돼요.	Nope, I am alright.
불꺼줄까?	May I turn off the light for you?
고마워요, 아빠. 안녕히 주무세요.	Thanks, Dad. Goodnight.

잠자리 인사하기

잘 자.	Goodnight.
좋은 꿈꿔.	Sweet dreams.
내일 봐.	See you tomorrow.
굿나잇 뽀뽀해 줘.	I want you to give me a goodnight kiss.

오늘의 패턴

May I ··· ? ··· 해도 될까?
→ **May I open the window?** 창문 열어도 될까?

75

PART 2

우리 아이가 마주하는 상황별 대화

DAY 31 You should try the monkey bars.
놀이터에서

- **Let's have some fun at the playground.**
  놀이터에서 놀자.
  Are you excited?
  신나지?

- **Yeah. I can't wait.**
  네. 어서 놀이터에 가고 싶어요.

- **Do you want to try the monkey bars today?**
  구름사다리 한번 해 볼까?

- **Sure.**
  네.

- **Come on. Daddy will stand next to you.**
  이리와 봐. 아빠가 옆에 서 있을게.

You should try the monkey bars.

양보하기

린, 오늘 재미있어 보이네. — Rin, it looks like you are having fun today.

네, 아빠. 정말 재미있어요. — Yes, Daddy. It's so fun.

왼쪽에 봐.
어떤 아이가 미끄럼틀 타려고 하네.
그 아이 먼저 타게 해주는 것은 어때?
— Look on your left.
A boy wants to ride the slide, too.
Why don't you let him go first?

네 아빠. — Alright.

아빠는 린이 양보해서
정말 자랑스러워.
하이파이브!
— Daddy is so proud that you're letting others go first.
High-five!

집에 갈 시간이야

린, 어두워지네.
이제 집에 갈 시간이야.
— Rin, it's getting dark.
Time to go home.

아빠 좀 더 놀고 싶어요. — I want to play a little more.

우리 내일 다시 오자. — We can come here and play again tomorrow.

오늘의 어휘

놀이터 기구 이름

- 시소: **seesaw** • 미끄럼틀: **slide** • 그네: **swing** • 모래판: **sandbox**
- 회전뱅뱅이: **merry-go-round** • 철봉: **pull-up bar**

DAY 32 Your nails look too long.
손톱 깎기

Your nails look too long.
손톱이 길어.

Can you go get the nail clipper?
손톱깎이 가져올래?

Okay, Mom.
네, 엄마.

Mommy will get a tissue to collect your nail trimmings.
엄마는 손톱 모을 티슈 가지고 올게.

Try not to move your hands because you can get hurt.
움직이면 아플 수도 있으니 가만히 있어.

Let Mommy know if it hurts.
아프면 엄마한테 말해 줘.

발톱 깎기

발톱도 한번 보자.	Let me check your toenails, too.
제 생각에는 발톱도 긴 것 같아요.	I think they are also too long.
그래. 가만히 있어봐. 엄마가 잘라줄게.	Okay, stay still and Mommy will cut them for you.

뒤처리하기

이제 됐다. 손톱 한번 봐. 예쁘지 않니?	Alright. Look at your nails. Don't they look nice?
고맙습니다, 엄마. 손톱이 예뻐요.	Thanks, Mom. They look pretty.
물론이지. 이제 가서 손이랑 발이랑 씻으럼.	My pleasure. Now go wash your hands and feet.

오늘의 패턴

Try not to ⋯ . ⋯ 하지 않게 조심해.

→ **Try not to make loud noise in the cafe.** 카페에서 큰 소리 내지 않도록 조심해.

DAY 33 How many apples are left?
숫자 놀이 (수 개념 익히기)

- **Rin, do you want to take a quiz?**
  린, 퀴즈 할까?

- **Okay, what is it?**
  네, 뭐에요?

- **There are five apples, here.**
  (손가락 5개를 펴며) 여기 사과가 5개 있어.
  If Daddy eats three, how many apples are left?
  (손가락을 3개 접으며) 그런데 아빠가 3개를 먹었어. 그럼 사과는 몇 개 남을까?

- **TWO!**
  두개요!

- **That's right! Bump it.**
  정답! 주먹을 부딪치는 인사 (hiphop에서 많이 쓰는 주먹인사)

응용 놀이 1단계

(손가락을 2개 펴며) 5 만들려면 몇 개가 더 필요할까?	How many more do you need to make five?
음... 4개요?	Hmm... Four?
거의 비슷해. 다시 해볼래?	You're really close. Can you try again?
3개요!	Three!
맞았어. 하이파이브!	Bingo. High-five!

기초 숫자놀이

이 놀이는 왼쪽의 대화와 같이 아이가 손가락의 개수를 보고 대답할 수 있는 가장 쉬운 단계의 놀이이다. 아이가 잘한다면 부모는 양손(숫자 10)을 사용하여 같은 방식으로 퀴즈를 진행한다. 주변의 여러 가지 사물을 활용하면 아이가 더 흥미를 가진다. 엄마·아빠표 영어의 핵심은 재미이다. 과장된 표현 및 재미있는 요소를 더하여 진행하면 더욱 더 좋다.

응용 1단계

위의 개수 맞히기 놀이에 익숙해진다면 응용 놀이를 추천한다. 놀이 방법은 간단하다. '5'만들기 놀이이다. 한손에 손가락 몇 개만 펴고, 몇 개를 더하면 5가 되는지를 맞히는 퀴즈 놀이이다. 아이 입장에서는 몇 개가 더해져야 5가 되는지 머릿속으로 생각을 해야 하기에 남은 개수 맞히기 보다는 어렵다(예시 대화 참고).

응용 2단계

응용 1단계에서 총 합을 5로 했다면, 이제 10에 도전해 보자. 10의 개념은 수학의 근간이 된다. 손가락을 4개 펼치고 'How many more do you need to make ten?' (몇 개가 더 있어야 10이 될까?) 이라고 하면 된다. 손가락의 개수를 바꿔가면서 퀴즈를 해보자.

응용 3단계

세 번 만에 10을 만드는 숫자 놀이이다. 예를 들어 아이가 먼저 3 이라고 한다면, 부모가 3 그리고 마지막으로 아이가 4라고 하여 총 합 10을 만드는 놀이이다. 단, 부모가 먼저 시작하면 아이가 덧셈을 하여 합을 생각할 필요가 없어지기 때문에 아이가 먼저 시작하도록 하자. 기본적으로 사용할 수 있는 표현은 'Let's make the number ten in three tries. You can go first, and Daddy will go next.' 이렇게 시작하면 된다. 아이가 10 만들기에 익숙해지면 100 만들기를 시도해 보자.

DAY 34 Can you give a cup of dog food to the puppy?
애완동물에게 밥 주기

- **Rin, it's dinner time for the puppy.**
  린, 강아지 저녁식사 시간이야.
  Can you feed the puppy a cup of dog food?
  강아지한테 사료 한 컵 줄래?

- **Sure I can.**
  네, 제가 할 수 있어요.

- **Daddy is going to give him some fresh water.**
  아빠는 깨끗한 물을 줘야겠어.
  Is he eating well?
  강아지가 밥 잘 먹니?

- **Yes, I think he must have been hungry.**
  네, 배가 고팠나 봐요.

- **Probably. He is eating really fast.**
  그러네. 강아지가 밥을 빨리 먹네.

Can you give a cup of dog food to the puppy?

강아지 산책시키기

- 강아지 산책시키자. 아빠가 강아지 목 끈 가지고 올게.
  Let's walk the puppy. Daddy will get the leash.

- 네. 전 강아지 간식 챙길게요.
  Alright. I will get snacks for the puppy.

- 좋아. 목 끈은 꼭 잡고 있어야 해.
  Great. Don't let go of the leash.

- 네 꼭 잡고 있을게요.
  Okay, I will hold it tight.

*leash 강아지 목 끈

강아지 대변 치우기

- 저기 봐. 강아지가 볼 일 보네.
  Look. The puppy is pooping.

- 강아지가 볼 일 볼 수 있게 기다려주자. 가방에서 휴지 좀 꺼내줄래?
  We need to wait for the puppy so he can poop. Can you take out some toilet paper from the bag?

- 네, 이 정도면 충분해요?
  Okay, is this enough?

- 그 정도면 충분해.
  That will do.

*poop 대변보다

오늘의 패턴

Don't let go of ··· . ··· 놓으면 안 돼.

→ **Don't let go of Daddy's hand.** 아빠 손 놓으면 안 돼.

DAY 35 Would you like to eat out or order in?
외식할까? 배달음식 먹을까?

What do you want to have for dinner tonight?
오늘 저녁으로 뭐 먹을까?

I want to eat pizza.
피자 먹고 싶어요.

Pizza sounds good.
피자 맛있겠구나.

Would you like to eat out or order in?
오늘 외식할까 아니면 배달음식 먹을까?

Let's go out!
나가서 먹어요!

Alright, let's eat out tonight.
그래, 그러자. 오늘은 외식하자.

Can you tell Mom to get ready, too?
엄마한테 준비하라고 말씀드려 줄래?

*eat out 외식하다, order in 음식을 배달시키다

식당에서 메뉴 고르기

- 뭐 먹을래? — What would you like to eat?
- 전 포테이토 피자요. — I want to have potato pizza.
- 좋아. 음료수는? — Sounds good. What about drinks?
- 오렌지 주스요. — Orange juice, please.
- 그래. 테이블 위 호출 버튼을 눌러줄래? — Okay. Can you press the button on the table please?

식사 후 계산하기

- 많이 먹었니? — Did you have a lot?
- 네, 아빠. — Yes, Dad.
- 그러면 계산서와 신용카드 직원에게 드릴래? — Can you give the bill and credit card to the server?
- 네, 알겠어요. — Sure thing.

오늘의 패턴

Would you like to △ or ■ ? △할래 아니면 ■할래?
→ Would you like to go home or go to the mart? 집에 갈까 마트에 갈까?

DAY 36
Picking Nose and Biting Finger Nails
버릇 고치기

What are you doing, Rin?
린, 뭐해?

It looks like you are digging for gold.
너 금 캐고 있는 것처럼 보이네.

Do you have a stuffy nose?
코가 막혔니?

Yes, Mom.
네, 엄마.

But it's not good to pick your nose.
그런데 코 파면 안 좋아.

Boogers are dirty. Plus you can hurt your nose.
코딱지는 더럽고 코가 아플 수도 있어.

Can you promise not to pick your nose?
코 안 후빈다고 약속할 수 있지?

*pick one's nose 코 후비다

Can you promise not to pick your nose, again?

손톱 뜯기

너 손톱 봐.	Look at your finger nails.
오늘 린이 손톱 안 예뻐.	They don't look pretty today.
계속 뜯으면 피가 날 수도 있어.	They might bleed if you keep biting them.
그래요? 죄송해요 엄마.	Really? Sorry Mom.
예쁜 손톱 이제 뜯지 마.	Please don't bite your pretty finger nails.
손톱 안 뜯으면 정말 예쁠 텐데.	Your hands will look really pretty if you don't bite them.
다시 안한다고 약속할 수 있어?	Can you promise not to do it again?
네, 엄마. 안 뜯도록 노력할게요.	Yes, Mom. I will try not to do it.

오늘의 패턴

Can you promise to … ? … 하겠다고 약속할까?
→ **Can you promise to go bed early?** 일찍 자겠다고 약속할까?

Can you promise not to … ? … 하지 않겠다고 약속할까?
→ **Can you promise not to eat only what you want?** 편식 안한다고 약속할까?

DAY 37 I guess you need to see a doctor.
병원가기

- **Let me check your temperature.**
  열 재 보자.
  Rin, you have a fever. It's almost forty degrees.
  린, 열이 많이 나네. 거의 40도야.
- **I don't feel good.**
  몸이 안 좋아요.
- **I think we should go see a doctor.**
  병원가야 할 것 같아.
- **I don't want to... But okay. I'll get ready.**
  가기 싫지만 갈 준비할게요.
- **Good girl. I hope everything is fine with you.**
  착한 우리 딸. 린이 아프지 않았으면 좋겠다.
- **I will be alright. Don't worry, Dad.**
  저 괜찮을 거예요. 걱정 마세요, 아빠.

병원에서

이제 병원에 도착했네.	We are here at the hospital.
이 병원 기억나지?	Do you remember this place?
간호사가 사탕 줬잖아.	One of the nurses here gave you a candy last time, remember?
아마 간호사가 진료 후에 사탕 줄지도 몰라.	She might give you another one after you see the doctor.
자 이제 린 차례네.	It's your turn now.
의사선생님이 목이랑 입 진료 하실 거야.	The doctor is going to check your mouth and throat.
금방 진료 끝나니 걱정 마.	It won't take long. Don't worry.

약국에서

오늘 린이 진료를 정말 잘 받았네.	Rin did really well at the hospital today. Good job.
우리 약 타러 약국 잠시 들려야 돼.	We need to stop by the pharmacy to get your medicine.
약국에서 유아용 아이템 하나 골라 봐. 근데 하나만이야.	You can pick a kids' item, but only one please.

DAY 38 Daddy is going to put some ointment on your skin. 상처에 약 바르기

Look at your leg! What happened to the skin?
다리 좀 봐! 피부가 왜 그래?

It's a mosquito bite.
모기 물렸어요.
I scratched it hard because it was so itchy.
너무 간지러워서 많이 긁었어요.

Oh, that's too bad.
많이 간지러웠겠구나.
Come here. Daddy is going to put some ointment on your skin.
여기 와 봐. 아빠가 연고 발라줄게.
Please don't scratch it, alright?
긁으면 안 돼, 알았지?

Daddy is going to put some ointment on your skin.

멍들었을 때

팔에 멍들었구나. 어떡하다가 그랬니?	You got a bruise on your arm. What happened?
식탁에 부딪혔어요.	I bumped into the dining table.
이제 괜찮니?	Are you okay now?
이제 괜찮아요.	I am fine now.
알겠어. 안 다치게 조심하렴.	Alright. Be careful not to get hurt.

반창고 붙이기

반창고 하나 붙여주실래요?	Can you put a band-aid on my finger?
그래. 많이 아프니?	Sure. Does it hurt a lot?
조금요. 종이에 살짝 베었어요.	Kind of. It's just a small paper cut.
아빠가 약 바르고 반창고 붙여줄게.	Daddy will put some medicine and a band-aid on the cut.
고마워요, 아빠.	Thanks, Dad.

오늘의 어휘

상처·통증 관련 어휘

- 복통 : **stomach ache** • 목통증 : **sore throat** • 딱지 : **scab** • 진통제 : **pain killer** • 물집 : **blister**
- 어지러운 : **dizzy** • 기운이 없다 : **feel low** • 멍들다 : **get a bruise**

DAY 39 Let's take a picture together.
사진 찍기

Let's take a picture together.
같이 사진 찍자.

Make a pose. Smile! Cheese!
포즈 잡아 봐. 스마일! 치즈!

That was fun. Can I take a look at the picture?
재밌어요. 저도 사진 볼 수 있나요?

Sure you can. Here you go.
당연하지. 여기 한번 봐.

And can you take one for Mom and Dad?
그리고 엄마랑 아빠 찍어 줄 수 있니?

You can press this button or you can touch here. Give it a try.
이 버튼 눌러도 되고 여기 눌러도 돼. 한번 해 봐.

셀카 찍기

🧑 셀카 찍자.
Let's take a selfie.
= Let's take a picture together.

🧑 제가 찍어도 되요?
Can I take it?

🧑 그럼 물론.
우와. 우리 전부 잘 나왔다.
또 찍어 볼까?
Sure you can.
Wow, look at us. We all look nice.
Do you want to take another one?

실물이 더 예뻐

🧑 사진 확인 해 보자.
넌 엄마 닮아서 미소가 예쁘네.
Let's take a look at the pictures.
You have a pretty smile just like your Mom.

🧑 고마워요, 아빠.
Thanks, Dad.

🧑 넌 실물이 더 나은 것 같아.
I think you look better in person.

오늘의 표현

넌 실물이 더 나아 → **The camera hates you.** (You look much better in person.)
넌 실물보다 사진이 더 낫네 → **The camera loves you.**

DAY 40 What are you going to drink?

카페 · 베이커리에서

What are you going to drink?
뭐 마실래?

We have orange, kiwi, and mango juice.
여기 오렌지, 키위, 망고 주스 있어.

I want kiwi.
전 키위 주스 마실게요.

You have a cold so let's not put any ice in it.
감기 걸렸으니깐 음료에 얼음은 넣지 말자.

Okay, Dad.
네 아빠.

What else do you want? Any bread or cookies?
또 뭐 먹고 싶어? 빵이나 쿠키 먹을까?

베이커리에서

뭐 먹을래?	What do you want to have?
여기 있는 것 전부 다 맛있겠다.	Everything here looks yummy.
아빠는 뭐 드실래요?	What about you, Daddy?
아빠는 스콘에 잼 발라 먹을 거야.	Daddy is going to have a scone with jam.
저도 그거 먹을래요.	Me too. I want the same thing.
그래. 더 먹고 싶은 것 있어?	Alright. What else do you want?
네가 좋아하는 빵 있니?	Do you see your favorite bread?
그럼 다른 빵 두 개 시켜서 같이 먹자.	Let's order two different ones and share them together.
네 좋아요.	That sounds perfect.
가서 자리 잡아 줄래?	Can you go find a seat for us?
네, 아빠.	Sure, Dad.

오늘의 패턴

What is your favorite … ? … 중에서 가장 좋아하는 것은 뭐니?
→ **What is your favorite book/color?** 제일 좋아하는 책/색은 뭐니?

DAY 41 Would you like some popcorn?
영화관

This is the movie theater.
여기가 영화관이야.

This theater is showing kids movies too.
여기에 어린이 영화도 상영해.

What is the title of the movie?
영화제목이 뭐에요?

It's …. The movie is sixty minutes long.
제목은 …이야. 60분 동안 상영해.

That will be fun. I am so excited.
재밌을 것 같아요. 너무 기대돼요.

Would you like some popcorn, son?
아들아 팝콘 먹을래?

I would love some. Let's have caramel flavor.
정말 좋아요. 전 캐러멜 팝콘 먹고 싶어요.

상영관으로

- 상영관은 몇 층이에요?
  Which floor is the screen?

- 7층에 있어.
  It's on the seventh floor.
  우리 에스컬레이터 타야 돼.
  We need to take the escalator.
  팝콘을 들고 조심해서 걸어.
  Watch your step while holding the popcorn.

- 걱정 마세요, 아빠.
  Don't worry, Dad.

- 바닥에 초록색 불을 따라가면 돼.
  Make sure you follow green lights on the floor.

영화관람 예절

- 영화가 상영 중일 땐 조용히 해야 돼.
  We need to be quiet while the movie is showing.
  그리고 휴대전화는 무음모드로 변경해야 돼.
  Also, we should put our cell phones on silent.

  혹시 무슨 일이 있으면, 저기가 비상출구야.
  In case of an emergency, that's the emergency exit.

  음료수는 컵 홀더에 두면 돼.
  You can put your drink in the drink holder.

오늘의 패턴

What is the title of the … ? … 의 제목이 뭐에요?
→ **What is the title of the book?** 책 제목이 뭐에요?

DAY 42 Do you want to go for a walk?
산책하기

- **Do you want to go for a walk?**
  산책하러 갈까?
  Daddy wants to take a walk to the park.
  아빠는 공원에 산책가고 싶어.

- **I like the park, too. There is lots to see and eat.**
  저도 공원 좋아해요. 거기 볼거리와 먹거리가 많아요.

- **That's right. Put your shoes on and let's head out.**
  맞아. 신발 신고 나가자.

- **I am ready, Dad.**
  전 준비됐어요.

- **You need to hold Daddy's hand when walking on the street.**
  길을 걸어갈 때 아빠 손잡고 걸어야 돼.

횡단보도 건너기

초록불일 때 길을 건널 수 있어.	We can cross the road when the light is green.
빨간불이면요?	What about red?
빨간불일 땐 초록색으로 바뀔 때까지 기다려야 해.	When the light is red, we need to wait until it turns green.
아, 알겠어요.	Oh, I see.
좀 더 안전하게 손들고 건너도 돼.	To be more safe, you can raise your hand.

거리 상점 구경하기

아이들 옷 파는 가게네. 들어가서 한번 볼까? 이 셔츠가 린에게 잘 어울리네.	They are selling clothes for kids. Do you want to look around? This shirt would look good on you.
저 사고 싶어요.	I want it.
그래. 엄마한테 물어보고 다시 오자.	Alright. Let's ask Mom and come back again.

오늘의 패턴

··· **looks good on you.** ··· 이 너에게 잘 어울려.

→ **This hat looks good on you.** 이 모자가 너에게 잘 어울려.

DAY 43 What kind of animal is this?
수족관·동물원에서

Here we are. This is the aquarium (zoo).
도착했네. 여기가 수족관 (동물원) 이야.

I am excited.
신나요.

What kind of fish is this?
이 물고기는 뭐지?

It looks like you, Daddy.
아빠 닮았어요.

Are you kidding? It looks like you, Rin.
농담이지? 린이 닮았네.

It is a type of flat fish.
이건 넙치 종류의 물고기야.

Let's move on.
이제 이동하자.

매표소에서

- 들어가려면 표를 사야 해. 여기 잠깐 기다려 줄래?
  We need to buy a ticket to enter. Can you wait here?
- 네, 아빠 옆에 있을게요.
  Sure, I will be waiting next to you.
- 입장권이 여기 있어. 잃어버리면 안 돼.
  Here is your ticket. Don't lose it.
- 네. 꼭 잡고 있을게요.
  Okay, I will hold on to it.

기념품 가게에서

- 이 인형 예뻐요. 이것 사주실래요?
  This looks pretty. Can I have this doll?
- 그런데 집에 인형 많잖아. 다음에 아빠가 사 줄게.
  You have many dolls at home. Daddy will buy you one next time.
- 근데 정말로 갖고 싶어요.
  But I really want it today.
- 알아 근데 매번 인형을 살 순 없잖니.
  I know, but you can't buy a doll every time.
- 네 알겠어요.
  Alright.

오늘의 패턴

We need to … . 우리 … 해야 돼.
→ **We need to eat dinner, now.** 우리 이제 저녁 먹어야 돼.

DAY 44 It's not good to fight with your brother·sister. 다툼 중재하기

Hey kids, what are you guys doing right now?
얘들아. 지금 뭐 하는 거니?

He just hit me.
얘가 나 때렸어요.

She hit me first.
누나가 저 때렸어요.

Everybody. Please, be quiet.
전부 조용히 해.

You guys are family. Yelling at each other is not good.
너희는 남매야. 서로 소리 지르는 것은 나빠.

Tell me why you guys were fighting.
너희들 왜 싸웠는지 이야기해 봐.

화해하기

착한 남매구나.
What a nice brother and sister you are.

다시 웃는 모습 보니 좋구나.
It's good to see you guys smiling again.

아빠는 반성하는 너희를 보니 기분이 좋구나.
Daddy is proud that you are feeling sorry.

서로에게 미안할 때 뭐라고 해야 하지?
What do you say when you are sorry to each other?

미안해, 동생/누나.
I am sorry, brother/sister.

화해가 잘 되지 않을 때

아빠는 너희가 이기적으로 행동해서 기분이 좋지 않네.
Daddy is upset that you guys are being selfish.

둘 다 생각하는 의자에서 5분 동안 앉아 있으렴.
Both of you should sit on the timeout chair for five minutes.

네가 한 행동에 대해 생각해 보렴.
Think about what you did.

뭐 잘못했니?
What are you sorry for?

오늘의 패턴

Can you give … to ○○○ ? … 을 ○○○에게 줄래?
→ **Can you give some chocolate to your brother?** 동생에게 초콜릿 좀 나눠 줄래?

DAY 45 Did you water the plants today?
식물 키우기

Did you water the plants today?
오늘 식물에 물 줬니?
The leaves of the olive tree are droopy.
올리브 나무에 잎들이 축 처졌네.
I think you should give some water to it.
아빠생각에 린이 지금 물 줘야할 것 같아.

Oh, no. I forgot to water it yesterday.
아 맞다. 저 어제 물주는 것을 깜빡했어요.

That's alright. The tree will be fine.
괜찮아. 나무는 괜찮을 거야.
But remember to water it once a day.
하루에 한번 물주는 것 기억해.

Thanks for the reminder.
알려줘서 감사해요.

씨앗심기

(아이와 함께 집에서 상추, 방울토마토, 레몬 등 씨앗심기를 쉽게 같이 해 볼 수 있어요)

아빠가 상추 씨앗 가지고 왔어.	Daddy just got some lettuce seeds.
같이 한번 심어보자.	Let's plant them together.
어떻게 심어요?	How do you plant them?
처음에 돌을 화분에 넣어.	First, you put some stones inside the pot.
그 다음 돌 위에 흙을 채우면 돼.	Then, put soil on top of the stones and fill the pot.
혼자 해 볼래?	Do you want to try doing it by yourself?
네, 한번 해볼게요.	Sure, I can try.
정말 잘하고 있구나.	You are doing great.
이제 상추 씨앗을 흙 위에 뿌려 봐.	Now spread the lettuce seeds on the soil.
다 했으면 흙으로 씨앗을 덮자.	When you are finished, let's cover the seeds with soil.
마지막으로 물을 주면 돼.	Finally, pour some water to wet the soil.
며칠 있으면 놀라운 일이 벌어질 거야.	Something amazing will happen after a few days.

오늘의 패턴

Don't forget to … . … 하는 것 잊지 마.

→ **Don't forget to take your medicine after eating lunch.** 점심 식사 후에 약 먹는 것 잊지 마.

DAY 46 We need to warm up before going into the water. 물놀이

Let's go swimming at the pool.
수영장에서 수영하자.

Do you need a tube?
튜브 필요하니?

Yes, I need one.
네, 하나 필요해요.

You'll have lots of fun in the water.
물에서 재미있겠다.

But first we need to warm up our bodies before going into the water.
물에 들어가기 전에 우리 준비운동 해야 돼.

Stretch your body just like Daddy.
아빠 보면서 스트레칭하자.

We need to warm up before going into the water.

가정의 욕조에서 물놀이

물 온도 괜찮니? 물이 너무 뜨겁거나 차가우면 아빠한테 이야기 해 줘.	Is the water temperature alright? Let Daddy know if the water is too hot or too cold.
물 온도 괜찮아요.	The water is fine.
장난감 필요하니?	Do you need any toys?
네. 노란색 오리 좀 주실래요?	Yes. Can you bring me the yellow duck please?

물놀이 후

이제 집에 갈 시간이야. 샤워하러가자.	It's time to go home now. Let's go take a shower.
좀 더 놀고 싶어요.	I want to play a little more.
알아. 근데 이제 어두워지잖니. 우리 다시 오면 돼.	I know, but it's getting dark. We will come again.
약속할 수 있어요?	Will you promise me?

오늘의 패턴

Let me know if ⋯ . ⋯ 하면 나에게 알려 줘.
→ **Let Daddy know if you are ready.** 준비되면 아빠에게 알려 줘.

DAY 47 Why don't we give our seat to the lady?
대중교통 이용하기

The bus is coming. This is our bus.
버스 들어온다. 우리가 탈 버스야.

Daddy will pay the bus fare.
아빠가 요금 계산할게.

There are some seats for us.
저기 빈자리가 있네.

Look. An old lady just got on the bus.
그런데 연세 드신 할머니께서 버스에 타셨어요.

I see. Why don't we give our seat to the lady?
그래. 우리 자리 양보해 드리는 것이 어떨까?

Good idea, Dad.
좋은 생각이에요, 아빠.

버스에서 내릴 때

🧑 내릴 때는 빨간색 버튼을 눌러야 돼.
그러면 기사님이 버스를 멈추고
문 열어 주실 거야.

We need to press the red button
when we're ready to get off.
Then, the driver will stop and let us out.

👧 그건 몰랐어요.

I didn't know that.

🧑 이제 우리 정류장이네.
버튼 눌러 줄래?
그리고 내릴 때는 조심해야 돼.

This is our stop.
Can you press the button?
And please be careful when you get off.

지하철에서

🧑 아빠가 승차권 사 올게.
지하철이 역에 들어오네.
이제 타자.
시장에 가려면 열 정거장 가야 해.

Daddy will get the tickets.
The subway is pulling into the station.
Now let's hop on.
We have to go ten stops to get to the market.

*pull into 기차가 ~에 도착하다

오늘의 표현

hop on : 타다 ↔ **hop off** : 내리다 • 지하철 : **subway**(미), **underground**(영), **tube**(영)

DAY 48 What do you want to be in the future?
장래 희망

- **Rin, what do you want to be when you grow up?**
  린, 커서 뭐가 되고 싶어?

- **Hmm... I want to be a TV announcer.**
  음... 저는 TV아나운서가 되고 싶어요.

- **Why do you want to be an announcer?**
  왜 아나운서가 되고 싶어?

- **Because if I become an announcer, I can be on TV.**
  제가 아나운서가 되면, TV에 나오잖아요.

- **You're right. Daddy will be so proud if I can see you on TV everyday.**
  맞아. 우리 딸을 매일 TV에서 보면 아빠는 너무 자랑스러울 것 같아.

- **Thanks, Dad.**
  고마워요 아빠.

직업 설명하기

아빠, 제가 어린이집 가면 아빠는 어디가세요?	Dad, where do you go when I'm at daycare?
아빠는 학교가지. 아빠는 고등학교 선생님이야.	Daddy goes to school. Daddy is a high school teacher.
선생님이 뭐에요?	What is a teacher?
선생님은 학생들이 무언가를 배울 수 있게 도와주는 사람이란다.	A teacher helps students learn something.
어린이집에 "○○○"선생님 계시지?	Do you know "○○○" teacher at daycare?

꿈 키워주기

린이 달리기 잘 하는구나.	You are good at running, Rin.
미래에 운동선수가 될 수 있겠는걸.	Maybe you can be an athlete in the future.
아빠, 그렇게 말씀해 주셔서 고마워요.	Thanks for saying that, Dad.
열심히만 한다면 뭐든 될 수 있을 거야.	As long as you work hard, you can be whatever you want to be.

오늘의 패턴

You are good at ⋯ . 너 ⋯ 잘하는 구나.
→ **You are good at drawing.** 너 그림 잘 그리는구나.

DAY 49 Did you spend all your allowance?
용돈

Rin, Daddy wants to eat some snacks.
린, 아빠 간식 먹고 싶어.

Let's go to the convenience store.
편의점에 가자.

Why don't you buy me some snacks today?
오늘은 린이 사는 것이 어때?

Sorry, Dad. I don't have any money.
죄송해요, 아빠. 저 돈 없어요.

I bought 2 sticker books yesterday.
어제 스티커 책 2권 샀어요.

Okay, that's fine. Let's go. It's on me today.
그렇구나. 괜찮아. 아빠가 사 줄게.

저축하기

- 아빠는 은행에 저금하러 갈 거야. — Daddy is going to deposit some money in the bank.
- 저금 할 용돈 있니? — Do you have any allowance left to save in your bank account?
- 네, 있어요. — Yes, I do.
- 좋아. 은행에 가 보자. — Good idea. Let's head out to the bank.

용돈 인상

- 린, 한 주에 용돈이 얼마지? — Rin, how much is your allowance every week?
- 저 한 주에 삼천 원이에요. — It is three thousand won.
- 이제 초등학생이 되었으니 두 배로 줄게. 그렇지만 현명하게 써야 한다. — Well, since you go to elementary school now, I will double it up. But you need to use it wisely.

오늘의 패턴

Why don't you ··· ? ··· 하는 것이 어때?
→ **Why don't you take a shower?** 샤워하는 것이 어때?

DAY 50 Good work. You are doing great.
격려·칭찬하기

I am making a castle with blocks.
저 블록으로 성 만들고 있어요.

It looks like you are having fun.
재미있어 보인다.
Actually, the castle looks amazing.
근데 성이 정말 멋지구나.

Really? Thanks, Dad!
진짜요? 고마워요, 아빠!

Good work so far. You are doing great!
지금까지 정말 잘 만들었구나. 잘하고 있어.
Tell me if you need any help.
혹시 도움 필요하면 아빠 부르렴.

I will let you know when I am done.
제가 완성하면 아빠 부를게요.

116

격려하기

- 왜 우울한 표정이야? 무슨 일 있었니? Why the long face? What happened?
- 스피치 대회 망쳤어요. I didn't do well in the speech contest.
- 아이쿠. 참 안됐구나. Oh, I am sorry honey.
  근데 다음 기회도 있잖니. But you still have next time.
  아빠는 네가 다음엔 더 잘 할 것이라고 확신해. I'm sure you will do better next time.
  힘 내, 아들. Cheer up, son.

구체적으로 칭찬하기

- 우와 멋지네. That was impressive.
  그 노래는 어디서 배웠니? Where did you learn that song?
- 할머니가 가르쳐 주셨어요. Grandma taught me this song.
- 네 목소리가 크고 또렷했어. Your voice was loud and clear.
  네 노래가 아빠를 즐겁게 만들어주네. Your singing makes Daddy happy.

오늘의 패턴

Your ··· makes me feel ···. 너의 ···이 나를 ···느끼게 해 주네.
→ **Your laugh makes me feel better.** 네가 웃으니 기분이 더 좋아져.

DAY 51
Here's a present for you.
생일 파티

 It's your birthday today!
오늘 네 생일이구나!

Daddy got a strawberry cake for you.
아빠가 딸기 케이크 사 오셨네.

Let's sing Happy Birthday.
생일 축하 노래 부르자.

(생일 축하 노래 후)

 Make a wish before you blow out the candles.
촛불 끄기 전에 소원 빌자.

 This is for you.
여기 선물 있어 누나.

 We got something for you, too.
아빠 엄마도 선물 샀어.

Do you want to open it?
한번 열어 볼래?

친구 생일

내일이 친구 생일이에요.
저 친구 선물 사야해요.

Tomorrow is my friend's birthday.
I need to get a present for her.

뭐 사려고 생각 중이야?

What do you have in mind?

머리핀 선물해 줄 생각이에요.

I am thinking of getting her a hair pin.

생일 카드 쓰기

린. 머리핀이 정말 예쁘구나.
어디서 샀니?

Rin. Look how pretty this hair pin is.
Where did you get it?

집근처에 액세서리 가게에서 샀어요.

I got it from an accessory shop near our house.

그래 잘했어.
생일 카드도 적었니?
카드 써서 주면 친구가 훨씬 더
좋아할 거야.

Nice!
Did you write a card, too?
Your friend will love to get your card.

오늘의 패턴

Where did you ··· ? 어디에서 …했니?
→ **Where did you put your bag?** 가방 어디에 뒀니?
→ **Where did you leave it?** 그것 어디에 뒀니?

DAY 52 What are you going to draw today?
미술 활동

- **Daddy, I need some paper and crayons.**
  아빠, 저 종이와 크레파스 필요해요.

- **What are you going to draw today?**
  오늘 뭐 그릴거야?

- **I am going to draw Daddy and Mommy.**
  전 아빠랑 엄마 그릴 거예요.

- **Good, but what about yourself?**
  그래 그럼 린은?
  Can you draw yourself, too?
  린도 그려볼래?

- **Of course.**
  네 물론이죠.

- **Daddy is looking forward to your drawing.**
  그림 기대하고 있을게.

What are you going to draw today?

자르고 붙이고

- 여기 가위 있어.
  가위를 사용할 땐 조심해야 돼.
  Here are scissors for you.
  Be careful when using them.

- 걱정 마세요. 조심할게요.
  저 풀 좀 주실래요?
  Don't worry, Dad. I will be careful.
  Could you pass me the glue, please?

물감으로 색칠하기

- 아빠가 이 붓으로 아기 고양이 그려 볼게.
  Daddy is going to draw a kitten with this brush.

- 그럼 저는 고양이 옆에 강아지 그려 볼게요.
  Then I'm going to draw a puppy next to your kitten.

- 강아지 무슨 색으로 칠 할 거니?
  What color do you need for the puppy?

- 전 짙은 갈색으로요.
  I'm going to use dark brown for it.

- 그럼 아빠가 물통에 깨끗한 물 떠 올게.
  Alright. Daddy is going to put some clean water in the water container.

오늘의 패턴

Be careful when … . … 할 때 조심해.
→ Be careful when you walk in the bathroom. 화장실에서 걸을 땐 조심해.

DAY 53 Can you give me a piggyback ride?
아이 업고 놀기

Daddy, can you give me a piggyback ride?
아빠, 어부바 해 주실래요?
I want to ride on your back like a horse.
아빠 등에 말처럼 타고 싶어요.

Sure, let's do it. Hop on.
그래 같이 하자. 어서 타.
Where do you want to go?
어디 가고 싶니?

I want to go to Busan.
저 부산 가고 싶어요.

Alright, hold tight. Off we go!
그래. 꽉 잡아. 출발!

Daddy, can you give me a piggyback ride?

동생과 순서 지키기

아빠 재미있었어요. 저 또 할래요.
That was fun, Dad. I want to do it again.

그래 근데 이제 동생 차례야.
Alright, but it's your brother's turn.

린이 한번 했으니 동생도 한번 해야지.
You just had your turn. You should let your brother have his turn now, okay?

동생이 아빠 등에 업히는 것을 도와주면 좋겠어.
Maybe you can help your brother get on Daddy's back.

조금 있다가 놀자

아빠 지금 설거지하고 있어.
Daddy is doing the dishes right now.

5분 정도 걸릴 거야.
It will take about five minutes.

네, 아빠. 저 5분 정도 기다릴 수 있어요.
Okay, Dad. I can wait five minutes.

아빠가 빨리 설거지하고 우리 같이 놀자.
Daddy will finish it quickly and then we can play together.

오늘의 패턴

It will take about … minutes. … 분 정도 걸릴 거야.
→ It will take about ten minutes. 십분 정도 걸릴 거야.

DAY 54 I want to go to the toilet.
화장실 가기

I want to go to the toilet.
저 화장실 가고 싶어요.
I need to pee.
저 오줌 누고 싶어요.

Okay. Go use the toilet.
그래 화장실 갔다 오렴.
Make sure you step on the step stool.
발판 꼭 써야 돼.
(여아) Remember to put down the toilet seat.
변좌 내리는 것 잊지 마.
(남아) Please make sure you lift up the toilet seat.
변좌 올리는 것 잊지 마.
And don't forget to flush.
그래. 그리고 물 내리는 것 잊지 마.

대변보기

얼굴이 안 좋아 보이네. You don't look so good.
왜 이렇게 서둘러? What's the rush?

저 똥 누고 싶어요. I really need to poop.

(대변 본 후)
저 다 했어요. I am all done.

여기 휴지 있어. Here is some toilet paper for you.
엉덩이 닦으렴. Wipe your bottom.

소매 걷고 손 씻기

이제 손 씻자. Let's wash your hands.
손 씻을 때 젖을 수 있으니깐 You need to roll up your sleeves because
소매 걷어야겠어. they can get wet while you wash.

네 아빠. 근데 잘 안돼요. Okay, Dad. But it's not easy.

아빠가 해 줄게. Let me do it for you.

오늘의 패턴

Do you need any … ? … 필요하니?
→ **Do you need any toilet paper?** 휴지 필요하니?

DAY 55  Can I watch an animation on your phone? 휴대폰 사용

- **Can I watch an animation on your phone?**
  아빠 폰으로 만화 하나 봐도 되나요?

- **Okay. How many episodes are you going to watch?**
  그래 오늘 에피소드 몇 개 볼 거니?

- **Hmm... I want to watch three episodes.**
  음... 저 세 개요.

- **I think three is too many. How about two?**
  아빠생각에 세 개는 너무 많아. 두 개는 어때?

- **Okay. Two is fine, too. Can I have it now?**
  두 개도 괜찮아요. 이제 휴대폰 주실래요?

- **Here you go.**
  여기 있어.

휴대폰은 이제 그만

윤아. 벌써 30분 지났어.
오늘 휴대폰 너무 많이 봤어
Yoon, it's already been thirty minutes.
You've watched too many episodes today.

근데 이거 아직 안 끝났어요.
But I'm in the middle of watching an episode.

알고 있어, 그런데 내일 마저 보자.
오늘은 너무 많이 봤어.
I know, but you can finish it tomorrow.
That's enough for today.

책 읽으며 폰으로 단어 찾기

"표범이 다른 동물들을 쫓고 있었어요." "The jaguar is chasing other animals."

그런데 'jaguar'가 뭐에요?
What is a 'jaguar'?

이 동물은 표범이야.
그럼 'jaguar'를 휴대폰으로 찾아보자.
표범 사진 더 많이 보여줄게.
This animal is a jaguar.
Let's look up jaguar on my phone.
I will show you more pictures of it.

오늘의 패턴

Do you know … ? … 를 알아?
→ **Do you know when Halloween is?** 할로윈이 언제인지 알아?

DAY 56
I want to ride a bicycle today.
자전거 · 킥보드 타기

We have been inside all day.
우리 오늘 하루 종일 집에만 있었네.
Let's go out and get some fresh air.
나가서 바람 쐬고 오자.
How about riding a scooter or a bicycle?
킥보드나 자전거 탈까?

That sounds fun. I want to ride a bicycle today.
재밌을 것 같아요. 오늘은 자전거 타고 싶어요.

Alright then. Let's get going.
그래 그럼. 나가보자.

Can you push me when I ride, Dad?
아빠 조금 있다가 저 좀 밀어주시겠어요?

Of course, I can.
그래, 물론이지.

128

차 조심해

- 린, 오늘 밖에서 자전거 타니깐 좋다 그치? 그런데 항상 차 조심해야 돼. 주변을 잘 둘러보고 조심해.

  It feels good to ride a bike outside, right Rin?
  But always watch out for cars.
  Please look around and be careful.

- 네 아빠. 조심할게요.

  Alright, Dad. I will be careful.

안전모는 써야 돼

- 아빠, 안전모는 벗고 싶어요. 정말 불편하고 땀이 많이 나요.

  Daddy, I want to take off my helmet.
  It's really uncomfortable and it makes me sweat a lot.

- 알아 린. 그런데 다치지 않게 하려고 쓰는 거야.
  안전모를 쓰지 않으면 킥보드를 탈수 없단다.
  다른 친구들도 봐.
  모두가 다 쓰고 있잖니.

  I know Rin, but it's for your safety.

  If you don't wear it,
  you can't ride the scooter.
  Look around.
  Everybody is wearing a helmet.

오늘의 패턴

It feels good to … . … 해서 기분 좋다.

→ **It feels good to take a walk with you.** 너와 산책해서 좋아.

DAY 57 Can you keep it down please?
공공 예절

- **Hey kids. Are you guys having fun?**
  오늘 재미있게 놀고 있니?

- **Yeah, this is fun. Look at the napkins falling.**
  네 재밌어요. 냅킨이 떨어지는 것 보세요.

- **But this is a public place,
  so people can be distracted by the noise.**
  그런데 여긴 공공장소라서 너무 소란스러우면 사람들이 불편해 한단다.

  Also, using too many napkins is a waste of paper.
  그리고 냅킨을 많이 쓰면 낭비이기도 해.

  Thanks for understanding, sweetie.
  이해해 줘서 고마워, 우리 딸.

줄 서기

아빠 어서 오세요. 표 사서 들어가요.	Dad, come on. Let's get the tickets and go in.
그래, 근데 줄 봐. 사람들이 줄 서서 차례를 기다리고 있네.	Okay, but look. People are waiting in line for their turn.
아, 죄송해요. 저 몰랐어요.	Oh, I'm sorry. I didn't know that.
괜찮아. 아빠랑 같이 줄 서서 기다릴까?	That's alright. Can you stand in line with Daddy and wait together?
네 아빠.	Sure, Dad.

쓰레기 버리지 않기

막대사탕 맛있니?	Is the lollipop yummy?
물론이죠, 아빠. 사탕은 항상 맛있어요.	Of course, Dad. It's always yummy.
사탕 많이 좋아하는 구나. 그런데 포장지는 어디 놔뒀니?	You really like candies. But where did you put the wrap?
앗! 아빠 저 저기 떨어뜨렸어요. 가서 주워서 쓰레기통에 버릴게요.	Oops! I dropped it over there. I will go get it and put it in the trash can.

오늘의 표현

목소리 낮춰 줄래?

→ Can you keep it down? | Keep your voice down, please.
→ You are being too loud | Quiet down, please.

DAY 58 Can you tell Daddy what you did wrong? 훈육

Stop it please. What's the matter?
그만해. 무슨 일이야?

Why are you being so rude to Mommy and Daddy?
왜 엄마랑 아빠한테 버릇없이 행동하는 거니?

I want to eat jellies and play outside.
저 젤리 먹고 밖에서 놀고 싶어요.

Rin, come and sit on the timeout chair.
린, 여기 와서 생각하는 의자에 앉아 봐.

Look what you've done in the living room.
여기 거실에 린이 뭘 했는지 한번 보렴.

Think about what you did for five minutes.
5분 동안 무엇을 잘못했는지 생각해 봐.

(5분 후)

Can you tell Daddy what you did wrong?
아빠한테 뭐 잘못했는지 이야기 해 줄래?

훈육 과정

🧑	뭘 잘못했는지 이야기 해 볼래?	Can you tell me what you did wrong?
👧	제가 과일이랑 그릇을 거실에 던졌어요. 그리고 아빠와 엄마에게 소리 질렀어요.	I threw fruits and bowls in the living room. I also yelled at Daddy and Mommy.
🧑	맞아. 이제 아는 것 같네. 엄마, 아빠에게 뭐라고 해야 할까?	That's right. You seem to know that. What do you say to us?
👧	죄송해요, 엄마 아빠.	I'm sorry, Mom and Dad.

훈육 후

🧑	린이 사탕 먹고 싶다고 했지?	So, you wanted to eat sweets?
	우리 지금 편의점에 사탕 사러 가자.	We can go to the convenience store to get something sweet.
	근데 다시 이렇게 하면 안 돼.	Just promise me that you won't do it again.
	이제 안아줄게. 엄마 아빠가 린이 사랑하는 것 알지?	Give me a hug. You know that we love you, right?

오늘의 패턴

I am sorry that ⋯ . ⋯ 해서 미안해(죄송해요).
→ **I am sorry that I yelled at you.** 너에게 소리 질러서 미안해.

DAY 59
Now, close your eyes and make a wish.
소원 빌기·약속하기

Wow, It's a full moon tonight.
우와, 오늘은 보름달이네.

We need to make a wish when we see a full moon.
보름달을 보면 소원을 빌어야 돼.

I like that! Let's do it.
네 좋아요. 같이 해봐요.

Now, close your eyes and make a wish.
이제 눈을 감고 소원을 빌어보자.

Don't say it out loud.
말하면 안 돼.

Okay, I'm finished.
저 했어요.

Daddy just made a wish, too.
아빠도 소원 빌었어.

소원은 언제 이루어질까?

아빠, 언제 소원이 이루어질까요?	When will the wish come true, Dad?
음. 잘 모르겠네. 엄마, 아빠 말 잘 들으면 이루어질 거야.	Hmm… I am not so sure about that. It will come true if you listen to Mom and Dad.
그럼 지금 바로 이루어지겠네요!	Then it should come true right now!
린이 잘 하는지 한번 봐야겠네.	Well, we might have to wait and see.

약속하기

아빠 저 새 장난감 집 달라고 소원 빌었어요. 아빠가 선물로 사 주시면 어떨까요?	Dad, I wished for a new toy house. Can you get me one as a present?
너희 둘이 이제 싸우지 않으면 아빠가 크리스마스 선물로 사 줄게.	If you two don't fight with each other, I guess I could give you guys one as a Christmas present.
네 알겠어요. 이제 우리 싸우지 말자, 동생, 알았지?	Okay, Got it. We won't fight from now on, right brother?

오늘의 패턴

I am sure that … . … 라고 확신해.
→ **I am sure that you can finish the puzzle by yourself.** 너 스스로 퍼즐을 끝낼 수 있다고 확신해.

DAY 60
Do you have any homework to do today? 숙제하기

Did you have a nice day at kindergarten?
오늘 유치원에서 재미있었니?

Yes, it was really fun. Especially English class.
네 정말 재미있었어요. 특히 영어시간이요.

That sounds great. Good job. Daddy is so proud.
그래 잘 했어. 네가 자랑스러워.

Do you have any homework to do today?
오늘 혹시 숙제 있니?

Oh, yes. I almost forgot about that.
아 맞다. 있어요. 거의 잊을 뻔 했어요.

I have a book to finish, and one diary to write.
저 이 책 마저 읽어야 하구요. 일기도 써야 해요.

Alright. Let me know if you need any help.
그래 그럼 도움 필요하면 아빠 부르렴.

136

가정통신문 전달

- 린, 선생님께서 가정통신문 주시지 않았니?
  Rin, didn't your teacher give you an info letter?

- 음... 잘 모르겠어요.
  Hmm... I am not sure.
  아! 기억났어요.
  Ah! I just remembered that my teacher gave it to me.
  선생님께서 주셔서 제가 알림장에 넣어두었어요.
  Then I put it inside my 'Notice' folder.

- 잘했네. 아빠한테 보여줄래?
  Good girl. Can you give it to me please?

숙제하기

- 저 일기장에 뭐 적을지 잘 모르겠어요. 아빠 좀 도와주실 수 있나요?
  I don't know what to say in my diary. Can you help me, Dad?

- 그래. 그렇지만 너 스스로 써야 해. 오늘 뭐 했는지 이야기해 보자. 오늘 유치원에서 재밌는 일 없었니?
  Sure. But you need to write it yourself. Let's talk about what happened today. Did anything exciting happen at kindergarten today?

오늘의 패턴

I forgot about ⋯ . ⋯ 에 대해서 잊어버렸어.
→ **I totally forgot about doing my homework.** 숙제하는 것을 완전히 잊고 있었어요.

CHAPTER 2

엄마·아빠표 영어의 시작과 끝

1
영어 습득 이유

우리 아이들이 영어를 하면 왜 좋을까?
영어를 하지 않는 것보다 영어를 습득할 때의 장점은 무엇일까?

언어 습득에는 다양한 이유나 동기가 존재한다. 이유나 동기가 없다면 추진력을 잃을 것이고 더 이상 그 행위를 하지 않을 것이다. 언어는 의사소통을 제1의 목표로 둔다. 즉, 의사소통을 위해서 언어를 습득하며, 의사소통을 가능하게 해 주는 제1의 언어를 모국어라고 부른다. 모국어는 자기 나라의 말을 의미하고 영·유아기에는 부모가 주된 모국어 모델이다. 아이는 가족, 친척, 어린이집, 유치원, 학교 등 행동반경을 넓혀가며 다양한 곳에서 활발하게 모국어를 습득한다. 가정마다 다르겠지만 아이가 일정나이가 되면 부모는 단어카드를 사용하거나 한글을 보여주고 들려주며 쓰면서 모국어 습득을 돕는다.

성인은 인지수준이 높기에 언어를 더 잘 배우는 것(학습)이 사실이다. 단어도 더 잘 외운다. 의식적으로 영어를 사용하고 익히는 것은 영·유아들보다 능하다. 하지만 아이는 영어를 더 잘 느끼고 더 잘 습득한다. 특히 어릴 때는 영어 규칙을 의식적으로 생각하지 않는다. 영어를 듣고, 영어로 사고하는 과정에서 아이는 말로 설명할 수 없는 영어의 언어 체계가 머릿속에 생성된다. 또한, 어휘 블록들이 쌓이고 영어를 알아듣기 시작하며 내뱉을 준비가 되면 영어를 툭툭 내뱉는다. 어릴 때 모국어와 유사하게 영어를 접하도록 환경을 조성해주면 아이가 큰 어려움 없이 우리말 이외의 외국어를 습득할 수 있다. 아이가 언어를 습득할 능력이 충분한데 그 능력을 계발시켜주지 못한다면 그 얼마나 아쉬운 일인가?

영어를 습득하는 또 다른 목표는 세상을 살아가는 힘과 눈을 키워준다는 것이다. 언어는 의사소통의 수단인 동시에 그 언어를 사용하는 곳의 문화를 반영한다. 처음에 영어를 조금씩 노출시켜주면 아이의 머릿속에서 영어가 싹트기 시작한다. 아이는 영어를 더 느끼고 알아가면서 세상을 보는 눈이 넓어질 것이다. 인생을 살아감에 있어서 아이에게 영어는 큰 힘이 되며 때론 강력한 무기가 될 것이다. 이런 언어로서의 영어 습득 이유 이외에 한 아이의 부모로서 내 자식이 영어 때문에 학창시절에 어려움을 겪지 않았으면 하는 생각도 있을 것이다. 갈수록 어려워지는 입시와 진학의 길에서 영어가 아이의 무기가 되었으면 하는 마음도 있을 것이다. 영어 때문에 초·중·고등학교에서 스트레스를 더 적게 받았으면 하는 마음도 있다.

시험, 진학, 취업 같은 현실적인 이유들은 잠시 접어두고 원래의 언어로서의 목적에 충실하자면, 영어는 전 세계 사람들이 많이 사용하는 의사소통 수단이다. 또한 영어와 유사점이 없는 한국어를 사용하는 곳(우리나라)에서도 쉽게 접할 수 있을 만큼 영어는 널리 퍼져있다. 우리말 이외에 다른 말을 할 수 있게 되는 순간 더 많은 것을 볼 수 있고 들을 수 있다. 우리나라를 포함하여 외국 어디서든 다양한 일을 할 수 있으며 더 많은 것을 즐길 수 있게 된다. 아이가 우리나라에서 영어 원어민이 되는 것을 바라지는 않는다. 현실적으로 불가능하다. 원어민까지는 아니더라도 부모가 환경을 잘 조성하여 원어민에 가깝게 영어를 느끼고 구사할 수 있다면 충분히 만족스러울 것이다. 그렇다면 왜 굳이 아이가 어릴 때 영어를 해야 할까? 우리말도 완전하지 않은데 왜 어릴 때 영어를 해야 할까?

② 유아 영어 습득의 장점

나이가 많으면 언어를 더 잘 배울 확률은 높다. 인지 수준이 높기 때문이다. 어느 정도 나이가 들면 눈에 보이지 않는 추상적인 개념을 잘 이해할 수 있으며 다양한 사례들을 종합해서 일반화시키기도 한다. 단어도 더 잘 기억하고 문법도 더 잘 외우고 적용한다. 그렇다면 왜 굳이 어릴 때 시작해야 하는가?

이유는 간단하다. 인지 능력이 높은 어른은 언어를 잘 학습할 수는 있다. 하지만 언어를 훨씬 더 잘 습득하는 것은 아이이다. 영어 발음도 어릴 때 배운 발음이 더 낫다. 어른이 단어를 의식적으로 외우고 문법을 배우는 데에 유리하다 할지라도 아이는 무의식적으로 언어의 요소를 체득하고 사용한다. 어릴 때 영어를 접하지 않고 사춘기 이후에 영어를 접한 어른은 영어를 말하기 전에 모국어(우리말)를 거쳐서 사용한다. 하지만 영·유아기에 영어를 접하고 습득하면 우리말을 거칠 필요가 없다. 어른은 언어를 습득하는 데에 많은 노력과 시간이 들어가지만 아이는 비교적 쉽게 영어를 느끼고 습득한다.

일반적으로 언어 습득의 결정적 시기는 사춘기(puberty)라고 할 수 있다. 사춘기 전에는 좌뇌와 우뇌가 구분 없이 언어 습득에 관여하지만 아이가 성장하면서 좌뇌와 우뇌의 기능이 서서히 분리되어(뇌의 역할 분담) 좌뇌만 언어습득에 관여하게 된다. 학자에 따라 차이가 있지만 뇌의 역할 분담은 이르면 2세부터 시작하여 15세경에 끝난다고 한다. 그렇기 때문에 뇌의 역할 분담이 이루어질 무렵이 되는 사춘기(15세 경)를 그 결정적 시기로 정하고 있다. 따라서 결정적 시기 이전에 영어를 접한다면 아이는 좀 더 수월하게 영어를 습득할 수 있다.

언어학자 R.DeKeyser의 말을 인용하자면 "유아들은 영어를 학습하지 않는다. 유아들은 학습을 할 수 있는 주체가 아니다. 의식적으로 학습을 할 수 없다. 6세 이후에 학습을 시키는 이유는 6세 정도는 되어야 학습을 할 수 있기 때문이다. 6세보다 더 어린 아이들은 학습하기 힘들다." 라고 하였다. 덧붙여서 그는 "아이들은 어떻게 언어를 배울까?" 라는 질문에 "본능"이라고 답한다. 부모와 소통하며 언어를 습득한다는 의미이다. 머릿속에서 의식적으로 학습하는 과정을 거친 것보다 본능적으로 몸으로 느끼고 습득한 것이 더 자연스럽고 장기적인 효과가 있다. 특히, 발음은 4~6세가 결정적인 시기라고 한다. 물론 환경에 따라서 그리고 노력의 정도에 따라서 성인도 어느 정도 원어민 수준의 발음을 습득할 수 있지만 이런 경우는 드물다. 유아들이 언어습득에 유리하다는 것은 경험적으로도 주변에서 많이 보고 들을 수 있다. 비교적 어릴 때 외국에서 수학한 경험이 있는 학생이나 지인을 보면 원어민에 가깝게 영어를 구사하고 있다.

현재 근무하고 있는 고등학교에서 학생들과 영어에 대한 이야기를 하는 경우가 있다. 외국에서 학교를 다녔거나 수학한 경험이 있는 학생들을 부를 때 "영어 치트키 썼다."고 학생들이 말하는 것을 종종 듣는다. 치트키(cheat key)란 컴퓨터게임에서 편법으로 상대방보다 우위를 점하는 컴퓨터 명령어의 일종이다. 외국에서 살다오는 것이 편법은 아니지만 영어를 습득하는 데에 있어서 외국에서 생활하다 오는 것보다 더 나은 방법이 없다는 것을 의미한다. 여기서 외국이란 아이들이 영어를 쓰지 않으면 일상생활이 되지 않는, 다시 말해 영어를 사용해야만 정보를 주고받을 수 있고 생활을 할 수 있는 환경을 뜻한다. 우리의 바람은 부모로서 아이들에게 이와 유사한 환경을 조성해주는 것이다.

인지적인 측면 이외에도 언어를 대하는 아이들의 성향과 기질도 크게 작용한다. 영어습득에 큰 영향을 미치는 것이 'anxiety(걱정, 불안)'이다. 'anxiety'는 두 가지로 나눌 수 있다. 하나는 'facilitative anxiety(도움이 되는 불안)'이고 다른 하나는 'debilitative anxiety(해를 끼치는 불안)'이다. 어떤 일을 할 때 적절한 긴장은 일에 더 집중할 수 있게 하고 수행능력을 향상시켜 준다고 한다. 하지만 영어 습득에 주로 부정적인 영향을 끼치는 것은 후자(debilitative anxiety)이다. 특히 성인들은 영어로 한 문장을 이야기 할 때 "이 발음이 맞나? 이 어순이 맞나? 혹시 틀리면 어쩌지?" 등등 많은 생각을 하는 경향이 있다. 혹시나 자신의 표현이 확실하지 않으면 그 표현을 사용하지 않고 다르게 표현하는 회피(avoidance)전략을 사용하기도 한다. 성인들이 이렇게 영어 사용에 있어서 불안해하고 과하게 신경 쓰는 것을 소위 '영어 울렁증'이라 부른다. 하지만 아이들은 '영어 울렁증'이 없다. 즉, 실수를 두려워하지 않는다. 아이들은 성인과 비교해서 부끄러움이 적고 틀리는 것에 대한 불안감도 없는 편이다. 아이들은 자신이 쓰는 표현이 맞든 틀리든 간에 일단 내뱉고 본다. 부끄러움과 불안함 없이 타인의 눈을 신경 쓰지 않고 시행착오를 용감하게 겪어 나간다.

언어는 사용함으로써 습득하고 완전해져 간다. 쓰지 않으면 언어는 잊혀진다. 아이가 어릴 때 우리말의 조사(은, 는, 이, 가) 사용이 서툰 것을 알 수 있다. 가령 "가방가 너무 커."라는 말을 하면 부모는 "가방이 너무 크지?" 라고 어법에 맞는 말을 본보기로 보여준다. 자신이 틀렸다는 것을 알아채든 아니든 그것은 아이의 몫이다. 대체로 부모가 명시적으로 "가방가는 틀린 말이야."라고 고쳐주지 않는다. 올바른 조사의 사용을 익히려면 시간이 걸리지만 우리말에 대한 충분한 노출이 있다면 어느 순간 올바른 표현을 사용하기 시작할 것이다.

　이러한 유의미한 시행착오가 있기에 빠르게 모국어(우리말)를 습득한다. 용감하게 언어를 사용하는 아이와 걱정하며 언어를 덜 쓰는 어른과 비교할 때, 누가 빨리 언어를 습득 혹은 학습할지는 이미 정해져 있다. 언어에 대해 도전적인 성향이 강하고 불안감, 거부감이 적은 어린아이 시절에 다른 언어를 노출시켜 준다면 모국어 수준까지는 아니더라도 상당한 수준까지 그 언어를 습득할 수 있게 된다. 그 환경을 조성하고 촉진제 역할을 해 주는 것이 부모의 역할이다.

③
영어 습득 목표

　우리나라에서 원어민 수준으로 영어를 습득하는 것을 목표로 삼는 것은 과욕이다. 아무리 가정, 학교, 학원에서 영어를 듣고 배우고 습득할지라도 그곳만 벗어나면 거의 모든 언어가 우리말로 이루어지기에 한편으로 생각하면 당연한 일이다. 하지만 부모로서 아이에게 거는 기대감은 상당히 높다. '이 정도 돈과 시간을 투자했으면 이 정도는 알아듣고 말해야지.' 라는 기대감이 은연중에 존재한다. 또한, 왜 친구의 아들, 딸은 영어를 원어민처럼 알아듣고 말할까? 라는 생각도 한다. 하지만, 필자는 원어민과 흡사한 발음으로 원어민과 유사한 언어적 자연스러움으로 영어를 구사하는 어린이가 우리 동네에 몇 명이나 될까? 라는 의문을 품어 본다. 중요한 것은 남의 말에 부모는 휘둘릴 필요가 없으며 우리 아이의 영어습득 목표를 확실히 하는 것이라고 생각한다.

　아이의 영어습득 목표는 각 가정, 부모, 아이의 성향에 따라 다를 것이다. 현실적으로 어렵지만 원어민 수준으로 영어를 구사하는 것이 목표일 수 있다. 어떤 부모에게는 아이가 중·고등학교에서 영어 1등급 및 내신, 대학수학능력시험 100점이 목표일 수도 있다. 또 어떤 부모에게는 아이가 영어를 즐겁게 다루고 외국어를 언어답게 습득해서 다양한 문화를 접하는 것이 목표일 수 있다. 아이가 자신의 생각을 영어로 구사할 수 있는 능력을 갖추는 것이 목표일 수 있고 단기적으로는 내일 단어시험에서 백점을 맞는 것이 목표일 수도 있다. 혹은 엄마 친구 아들보다 영어를 잘하는 것이 목표일 수도 있을 것이다. 어쩌면 위 나열된 모든 것이 영어 습득의 목표일 수 있다.

목표에 따라서 영어를 대하는 부모의 태도가 다를 것이며 그에 따라 아이에게 전달되는 영어에 대한 느낌 또한 다를 것이다. 엄마 친구 아들보다 우리 아이가 영어를 더 잘하는 것이 목표라면, 엄마는 아이의 시험 성적을 확인하고 친구 아들의 성적과 비교할 것이다. 이럴 때 부모의 비교 행위 자체가 아이에게 스트레스로 작용할 수 있을 것이다. 반면에 영어를 언어 자체의 의사소통적 기능에 초점을 맞춰 목표를 설정한다면 아이가 영어를 다루는 매 순간 영어로 소통하는 재미와 성취감을 느낄 것이며 타인과 비교를 통한 스트레스 또한 없을 것이다.

언어는 물리적으로 정복이 불가능하다. 언어는 매일 매일 변화하고 다양한 환경에 영향을 받으며 사용자의 복잡 미묘한 감정에 쉽게 영향을 받는다. 그렇기 때문에 언어를 단기적으로 정복할 대상으로 삼고 그에 따라 목표를 설정하기보다는 의사소통을 위해 언어답게 습득하는 것을 목표로 하는 것이 더 현명하다. 언어로서 영어를 다룬다면 분명 아이는 성장하면서 대화, 일기, 정보전달, 편지, 단어시험, 중간·기말고사, 취직 등 다양한 분야에 영어를 활용할 것이다. 아이가 영어를 충분히 듣고 스스로 습득하며 언어 체계를 형성해 나갈 수 있도록 환경을 조성하고 기다려주는 태도가 부모에게 필요하다.

모국어 습득과 유사한 영어 습득 과정

생후 1일. 신생아인 아이는 모국어를 습득하기 시작한다. "당신을 더 닮은 것 같아요", "엄마인 저를 더 닮았네요.", "우와, 눈뜬다. 분명 날 보고 웃은 거야." 라는 말부터 시작하여 아이는 모국어인 우리말에 노출되기 시작한다. 아이는 부모의 억양, 목소리 톤, 우리말 등 모든 것을 듣고 있으며 뇌에서 활발하게 받아들이고 있다. 대략 생후 6개월이 지나면 아직 언어처럼 보이지 않지만 옹알이를 시작하고 12개월 전후로 엄마, 아빠, 물 등 짧은 단어를 내뱉기 시작한다. 18개월에서 24개월 사이 어휘가 폭발적으로 증가하며 서서히 문장을 구성해 나간다. 3~4세가 되면 의사소통 가능한 문장을 구성해 가고 4세 무렵 문자에 관심을 가진다.

아기들은 위와 같은 과정을 거쳐서 언어를 습득하기 시작한다. 우리말은 물론이고 영어도 동일하다. 다시 말해 영어도 우리말을 습득하는 것과 동일한 방식으로 접근하면 된다. 모국어로서 우리말은 아이가 우리나라에서 태어나 생활하는 이상 누구든 습득하게 되어있다. 학창시절에 공부를 잘하건 못하건, 어떠한 진로를 선택하건 누구나 우리말을 하게 되어있다. 그렇기에 영어를 한다고 우리말 습득에 큰 영향을 줄 것이라는 걱정은 접어두어도 좋다. 일반적으로 우리나라에서 태어나 생활하는 아기는 우리말을 모국어로서 먼저 접하게 된다. 그 후 다른 언어를 접하기 때문에 외국어를 모국어로 혼동할 가능성은 매우 낮다.

엄마·아빠표 영어를 하며 매일 아이는 다양한 방식으로 영어에 노출된다. 가정에 따라 다르겠지만 영어책, 영어노래, 영어영상, 부모와 영어대화, 영어동화 들려주기 등 부모의 영어에 관한 철학, 성향, 의지 등에 따라서 아이에게 영어 인풋(input-영어자극)이 주어진다. 아이는 그 인풋을 머릿속에 차곡차곡 쌓아가기 시작한다. 아이 입장에서 빈번하게 듣는 단어는 빨리 습득되고 잘 알아듣고 반응하게 된다. 생소한 영어 단어 소리와 의미 연결에 어려움을 겪는 경우도 있을 것이다.

아이가 꾸준히 충분하게 영어에 노출된다면 영어의 복잡한 언어 체계가 머릿속에 형성된다. 서서히 듣기가 되면서 아이는 기존에 가진 영어 지식(schema)을 활용하여 새롭게 귀에 들리는 영어 소리를 의미와 결합시킨다. 이 새로운 지식을 다양한 상황에서 반복적으로 들으면서 자기 자신의 언어 지식으로 발전시켜 나간다. 어휘 및 언어요소의 가지치기가 활발하게 일어난다. 이 과정에서 아이는 부모의 칭찬(강화)을 필요로 한다. 아이는 영어를 알아듣고 때론 몸으로 반응하기도 한다. 이 때 아이는 부모의 격한 반응(칭찬)을 통하여 성취감을 느끼며 영어를 배우고자 하는 힘을 유지하게 된다.

> **예시**
>
> 부모가 "Can you pass me the remote control?"이라고 했을 때 아이가 리모컨을 부모에게 전달해 주었다고 하자. 이 경우 부모는 아이가 영어를 잘 습득하고 있고 그 동안의 노력을 보상받는 느낌과 뿌듯함에 아이를 칭찬할 것이고, 이런 반복이 아이의 영어습득을 강화한다.

5
학습과 습득의 차이

영어 학습(learning)과 습득(acquisition)은 유사한 개념처럼 들린다. 하지만 이 두 단어에는 큰 차이가 있다. 학습은 학습자가 학습하려는 대상을 명확히 알고 의도를 가지고 의식적으로 배우는 일련의 과정이다. 또한 학습자는 자신이 알고 있는 언어 지식을 말로 설명할 수 있다. 반면, 습득은 무의식적이고 자연스러운 방법으로 언어 습득자가 모국어 습득과정과 동일하게 언어를 받아들이는 과정을 의미한다. 언어 습득자는 자신이 알고 있는 언어 지식을 설명하는 것에 어려움을 느끼거나 설명하지 못할 수 있다. 언어학자 Stephen Krashen에 따르면 학습과 습득은 서로 구별되는 독립적인 과정이라고 밝혔다.

영어 습득은 우리의 모국어 습득과 유사한 과정을 거친다. 부모가 아이를 사랑스러운 눈빛으로 바라보며 다음과 같은 말을 한다. "You are so pretty and adorable. You have such a lovely smile." (넌 정말 예쁘고 사랑스러워. 너 정말 미소가 예쁘구나.) 아이는 이런 말을 들을 때 자신이 사랑받고 있음을 느낀다. 언어를 서서히 습득함에 따라 아이가 알아듣고 사용할 수 있는 말들이 생기기 시작한다.

아이가 기저귀에 소변을 봐서 불편하다. 그때 부모가 "Daddy will change your

diaper. Don't cry baby."(아빠가 기저귀 갈아 줄게. 울지 마, 우리 아가.) 이런 말을 빈번하게 들었던 아이는 'Daddy, diaper, change, cry'라는 단어의 의미를 서서히 알아가게 된다. 아이가 조금 더 커서 걸어 다닐 수 있게 되었다. 아이는 기저귀에 소변을 보고는 찝찝해 한다. 아이는 "Diaper! Diaper!"이라고 외친다. 부모는 "Can you bring me a clean diaper? Then, I will change the diaper for you."(깨끗한 기저귀 가지고 올래? 그럼 기저귀 바꿔줄게.) 라고 한다. 그러면서 아빠는 자리에서 한 발짝도 움직이지 않는다. 그럼 아이는 뭔가 아빠가 기저귀를 가져다주지 않을 것이라는 것을 알아채고 아빠가 'diaper'라는 말을 했기에 '기저귀를 가져다 달라는 소리인가?' 라는 추측을 한다. 물론 'bring, you, me', 억양, 표정 등의 언어적·비언어적인 신호를 언어정보의 맥락으로서 아이가 활용했을 것이다. 아이가 기저귀를 아빠에게 건넨 후 깨끗한 기저귀로 바꾸게 된 아이는 자신이 기저귀를 가져다 준 일이 잘한 일이었고 아빠가 영어로 한 요청을 올바르게 수행한 것에 대해 뿌듯함을 느낄 것이다.

여기서 주목할 점은 부모가 아이에게 명시적으로 'pretty, adorable, smile, diaper, bring, you, me, Daddy' 등의 말을 가르치지 않았다는 것이다. 또한 당연히 의문문을 구성할 때 '주어가 아닌 동사부터 사용해야 해.' 라고 말해주지도 않았다. 부모는 단순히 아이의 자립심을 키우기 위해 아이에게 '좀 가져다줄래?' 라고 부탁한 것이다. 아이는 명시적인 언어 설명(단어의 의미, 문법 설명)을 듣지 않았지만 자신의 욕구 충족(엉덩이가 찝찝함, 해소하고 싶음)을 위해 부모가 내뱉은 다양한 언어자극과 상황(맥락)을 연결하는 과정을 머릿속에서 활발하게 거쳤을 것이다. 이렇게 습득은 일상생활이고 또한 자연스러운 것이다. 그리고 언어 습득은 그 언어가 어떤 일을 행하기 위한 수단으로 사용될 때 활발하게 일어난다.

부모가 아이에게 말한다. "오늘은 물을 마시고 싶을 때 아빠에게 물 달라고 부탁하는 표현을 알아 볼 거야. 그럴 땐 'Can I have some water, Dad?' 라고 말해야 해. 그리고 물은 영어로 'water'라고 해. 같이 한번 해볼까? 따라해 봐." 아이는 아빠의 설명을 듣고 물이 'water'라는 것을 알게 된다. 더 나아가 아이는 아빠가 방금 말한 "Can I have some water, Dad?"라는 표현을 기억하려고 노력할 것이다. 이렇게 명시적인 설명을 동반한 과정을 언어 학습이라고 부른다.

학습은 영어 그 자체가 목표이다. 오늘 아이가 학습한 표현은 "Can I have ~ ?, water, Dad" 일 것이다. 그렇기 때문에 학습은 의도적이고, 습득보다 인위적이며 아이의 끈기, 동기, 집중력, 인내심 등을 필요로 한다. 학습의 장점은 즉각적으로 효과가 있을 수 있다는 것이다. 아이에게 명시적으로 '물은 water'라는 설명을 해주었기 때문에 아이가 'water'라는 input을 들었을 때 고민할 필요가 없다. 부모가 이미 'water = 물'이라고 설명해 주었기 때문이다. 하지만 이렇게 학습된 지식은 단기적일 가능성이 높으며 단순히 기억에 의존하기에 지속성이 떨어질 가능성이 있다.

반면, 습득된 언어 정보는 아이가 특정 언어 표현을 사용하는 맥락, 분위기, 배경지식 등 모든 것을 고려하여 언어 표현과 의미를 연결해야 하는, 복잡하지만 적극적인 언어 처리과정을 머릿속에서 거치게 된다. 때론 아이가 언어 자극과 의미를 올바르게 연결하지 못할 수 있다. 부모가 명시적으로 '물은 water야.' 라는 설명이 없기 때문에 학습보다는 시간이 더 걸린다. 하지만 아이가 언어를 사용하는 맥락과 언어 자극, 부모의 어조, 억양 등 모든 것을 고려해 스스로 언어 자극(소리)과 의미를 성공적으로 연결하고 어떤 과업을 올바르게 수행했을 때, 아이의 머릿속에 남아있는 언어 지식 및 능력은 오래 지속될 것이다. 아이가 스스로 상황을 인지하고 언어 자극의 의미를 파악하였기 때문에 그 언어 자극은 습득되었을 가능성이 높다. 습득은 학습에 비해서 자연스럽고 무의식적이며, 인위적인 끈기나 노력을 필요로 하지 않는다.

학습과 습득의 차이를 전화번호 외우기에 비유할 수 있다. 과거 휴대전화가 상용화되기 이전에 우리는 지인들의 전화번호를 잘 외우고 다녔다. 우리는 7자리로 구성된

이 전화번호를 종이에 써가면서 외우기보다는 친구에게 전화를 걸다보니 저절로 외우게 되었다. 친구와 약속을 잡거나 수다를 떨기 위해 자주 누르던 번호였다. 이 7자리 숫자를 인위적으로 외우는 것이 학습이라면, 수다를 떨고, 약속을 잡기위해 번호를 누르며 자연스럽게 기억하게 되는 것이 바로 습득이다.

학습과 습득의 차이가 주는 시사점

학습과 습득의 차이가 주는 시사점은 크다. 아이에게 '영어 책읽기의 목표는 무엇인가?'를 생각해 볼 필요가 있다. 아이가 장기적으로 영어를 즐기고 나아가 잘하는 것이 목표라면 영어 책읽기를 통해 독서의 즐거움을 느끼도록 해야 한다. 영어 책에 나오는 단어를 하나하나 찾아가며 읽는 것이 아니라, 스스로 그림과 언어자극을 연결시켜 내용을 파악하고 그 과정에서 책의 줄거리를 이해하고 즐거움을 느끼게 할 필요가 있다.

이러한 영어 책읽기는 영어가 목표가 아니라 수단이다. 영어 책을 읽을 때 내용 자체가 흥미롭기 때문에 아이가 즐거운 것이다. 이러한 영어 책 읽기가 생활화 된다면 아이는 좋아하는 책을 꾸준하게 읽을 것이고 영어는 의도하지 않더라도 자연스레 아이의 머릿속에 자리 잡고 습득될 것이다. 영어 책읽기와 마찬가지로 영어 노래 듣고 부르기, 영어 놀이 등의 목표는 바로 영어 노래를 듣고 부를 때의 즐거움, 영어 놀이를 통해 느끼는 기쁨, 때론 영어 놀이에서 상대방에게 이겼을 때 오는 즐거움일 것이다. 영어는 이 모든 활동의 수단 역할을 한다.

⑥ 듣기·말하기·읽기·쓰기 순서

영어는 듣기(Listening), 말하기(Speaking), 읽기(Reading), 쓰기(Writing) 순서로 발달한다. 한 언어를 듣기 전에 말을 할 순 없다. 극히 일부 예외를 제외하고 읽을 수 없다면 쓸 수도 없다. 그래서 듣기→말하기, 그리고 읽기→쓰기 순서는 논리적이고 자연스럽다. 그렇다면 듣기와 읽기를 비교해 보자. 듣기 전에 읽을 수 있을까? 불가능하다. 우리가 책을 읽을 때 글자를 읽는다. 하지만 가만히 생각해 보면 활자화된 소리를 읽는 것이다. 'school'이라는 단어를 한번 머릿속으로 읽어보기 바란다. 이 단어를 읽을 때 's-c-h-o-o-l[에스 씨 에이취 오우오우 엘]'이라고 읽는 사람은 없을 것이다. 모든 사람이 [스쿨:]이라고 읽었을 것이다. 그렇다면 [스쿨:]이라고 머릿속으로 읽는다는 것은 곧 말하기이다. 위에서 언급했듯이, 듣기 전에 말하기를 할 수 없다. 이것이 Listening이 가장 우선시 되어야 하는 이유이다. 그 다음 Speaking이 저절로 따라올 것이고 그 후 Reading과 Writing이 이루어진다.

모든 언어에서 듣기가 먼저 이루어진다. 모국어인 한국어를 습득할 때도 듣기가 가장 먼저이고, 생후부터 한글을 시작하기 전까지 수년 동안 듣기에 집중한다. 언어 습득에 있어 듣기·말하기·읽기·쓰기의 비중 및 언어 습득에 미치는 영향을 따져본다면 듣기가 50퍼센트 이상을 차지한다. 영어 습득을 위해 영어 노출을 강조한다. 각 가정에서 부모가 할 수 있는, 혹은 공·사교육에서 할 수 있는 영어 노출 수단에는 부모 혹은 교사의 영어 발화, 친구 사이의 영어 대화, 영어 영상, 부모가 읽어주는 영어 책, 영어 노래, 영어 책의 음원 등이 있다.

　이 영어 노출 수단은 달라 보이지만 한 가지 공통점이 있다. 바로 영어 듣기가 그 중심에 있다는 것이다. 영상은 사람의 몸동작 및 표정, 주변 상황, 노래의 멜로디 등이 있긴 하나 이것이 실제 영어를 습득하게 하지는 않는다. 실제로 영어를 습득할 수 있게 하는 것은 이 모든 영어 노출 수단에 포함된 영어 음성이다. 어쩌면 아이가 글을 읽을 수 없기에 당연한 소리일지도 모르지만 영어 듣기는 이런 당연함 이상이다. 영어 듣기를 다른 읽기·말하기·쓰기보다 일찍 해야 하는 이유는 바로 듣기가 영어의 체계를 형성해 주기 때문이다. 듣기를 통해 아이의 언어체계가 어느 정도 확립되어야 아이의 입에서 영어 'output'이 나온다. 4~5세 경 문자에 관심을 가지기 시작하고 영어로 읽는 것에 호기심이 생긴다. 듣기를 통해 영어체계가 어느 정도 확립된 후 'phonics(영어 알파벳 읽는 방법을 다루는 교수법)'를 하는 것과 그렇지 않은 것에는 큰 차이가 있다.

　'school'이라는 단어를 아이가 본다. 영어 듣기를 많이 하지 않은 아이는 'school'이라는 알파벳을 그림처럼 암기해 버린다. 아직 영어체계가 형성되지 않았기에 [스쿨:]이라고 소리로 저장하지 않고 'school'이라는 그림으로 저장한다. 그래서 'school'이라는 알파벳 조합이 나오면 아이가 [스쿨:]이라고 읽는 것처럼 보인다. 그런데 실제로는 단순히 암기한 것이지 각 알파벳이 다른 단어에 쓰인 것을 응용해서 읽지 못하는 경우가 많다.

　하지만 영어체계가 형성된 아이는 'school'의 각 알파벳 음가를 알며 연습을 통해 'school[스쿨:]'이라고 저장한다. 이미 듣기를 통하여 많은 영어 단어와 문장을 들었으며, 어휘 및 문법을 비롯하여 다양한 영어 언어기반이 형성되어 있기에 이제 phonics를 해도 아이가 무리 없이 받아들이는 것이다. 듣기가 많이 되어 있지 않다면 아이에게 영어 발음 및 단어의 소리는 생소하게 느껴진다. 아이가 이해할 수 있는 말들이 아니기에 글자를 읽는다는 것은 거의 불가능에 가깝다. 그렇지만 영어 듣기를 많이 한 아이에게는 영어 말소리가 익숙한 소리이다. 또한 그 소리들의 의미를 알고 있으며 영어를 입으로 내뱉을 준비와 글자를 보고 읽을 준비도 되었다고 할 수 있다.

이처럼 아이가 읽고 말하고 쓰기 이전에, 듣기가 충분히 이루어져야 다른 영역들을 시작할 수 있다. 듣기는 읽고 말하기 전에만 하는 것이 아니라 살아가면서 꾸준하게 이루어진다. 영화, 드라마, 강의, 라디오, 일상대화, 취직, 시험 등을 통하여 듣기는 항상 존재한다. 이러한 듣기를 바탕으로 언어는 시간이 갈수록 복잡하고 체계적인 모습으로 발전해 나간다.

아직 영어로 말은 하지 않지만 아이가 영어를 듣고 영어를 이해했다는 표시를 몸으로 하게 되면 말하기 차례로 넘어간다. 그런데 말하기에는 장벽이 있다. 그 장벽은 바로 침묵기(silent period)이다. 아이가 느끼는 장벽이기도 하지만 주변에서 지켜보는 부모가 가지는 장벽이라고도 할 수 있다. 이 침묵기는 부모에게 고통스러운 시간이다. 노출 정도와 의사소통 필요 정도에 따라 몇 달 혹은 몇 년이 될 수도 있기 때문이다. 침묵기는 아이들에게 꼭 필요한 시간이다. 영어를 머릿속에서 체계화하고 언어 규칙을 형성하는 시간이다.

머릿속을 큰 물통이라고 상상해 보자. ([그림1] 참고) 이 큰 물통이 다양한 영어 인풋을 통하여 조금씩 채워진다. 노출이 다양하고 풍부할수록 머릿속에 있는 영어 물통은 빨리 채워질 것이다. 이 머리통이 꽉 차서 넘치면 드디어 영어로 말이 터져 나온다. 처음 아이의 입에서 터져 나오는 말은 완벽한 문법체계를 가지거나 정확한 의미를 가진 어휘가 아닐 것이다. 우리말을 처음 입 밖으로 내밀 때와 비슷한 옹알이

| 그림1 |

형태일 것이다. 부모는 알아들을 수 없기 때문에 아이가 한 말이 별 의미가 없다고 착각할지도 모른다. 하지만 아이 입장에서 본다면 머릿속에 영어가 꽉 채워져서 이제 입 밖으로 흘러나올 준비를 마치고 내미는 첫 용기 있는 한마디 혹은 중얼거림일 것이다. 부모는 그 옹알이의 의미를 알 수 없으나 아이는 분명 그 말을 한 의도가 있을 것이다. 그렇기에 부모는 그 말에 아무 반응을 하지 않기보다 적극적으로 반응해주는 것이 필요하다.

아이가 "워, 워"라는 말을 했다고 가정해 보자. 부모는 그 소리를 부모가 알고 있는 유사한 영어단어와 연결시켜 한 번 더 말해주거나 아이가 "워"라고 외치고 있는 상황을 유심히 볼 필요가 있다. 아이가 물을 마시고 싶진 않은지, 컵을 가리키거나 정수기를 가리키고 있진 않은지, 혹 물병을 가리키고 있진 않은지 관찰하고 들어야 할 것이다. 다행스럽게도 이러한 상황 단서를 파악한다면 부모는 정확하게 영어 본보기(modelling)를 줄 필요가 있다. "Do you want some water?" 혹은 "water?(말끝을 높이며)"라고 다시 물어볼 수 있을 것이다. 그리곤 물을 주며 "water(워럴)"라는 단어가 물이고 이렇게 발음한다는 것을 아이에게 보여주는 것이다.

이러한 옹알이(babbling)가 시작되면, 부모의 언어 모델을 통해서 아이는 옹알이를 영어 단어답게 서서히 고쳐나갈 것이다. 여기서 "물은 '워럴' 혹은 '워터'라고 하는 거야." 라고 명시적으로 가르쳐 주는 행위는 하지 않는 것이 좋다. 아이는 물이라는 실제 사물을 보면서 영어음성 'water'와 물 컵 속에 있는 물을 연결할 것이다. 대화와 상황을 통한 자연스러운 영어습득 과정에 굳이 우리말(모국어)을 개입시킬 필요는 없다.

이렇게 옹알이가 점점 더 아이의 입 밖으로 나오면서 아이는 폭발적으로 어휘를 흡수하며 단어 단위에서 문장으로 영어를 구사하기 시작할 것이다. 이 시점에서 필요한 것은 세 가지이다.

첫째, 아이에게 다양한 문장을 많이 반복적으로 들려줄 것
둘째, 아이의 능력을 믿고 기다려줄 것
셋째, 아이와 영어를 사용하며 소통할 것

첫 번째에 해당하는 이론이 행동주의적 접근법이다. Pavlov의 개, Skinner의 쥐 실험으로 유명한 이론이다. 두 실험이 조금 다르긴 하지만 이 접근법에서 얻을 수 있는 영어 습득 교훈은 '반복'이다. 아이가 어릴 때부터 많이 듣고 사용하는 단어를 빠르고 쉽게 습득하고 사용하듯이, 반복이라는 것은 매우 좋은 언어 습득 방법 중 하나이다. 한 단어나 특정 문장을 계속해서 반복하기 보단 조금 더 진정성 있는 영어를 구사한다는 측면을 고려하여 반복하는 것이 좋다.

예를 들어, 아이가 좋아하는 책을 여러 번 읽는다거나(아이는 즐거움을 느낌), 아이와 실제 삶 속에서 소통할 때 특정 표현을 의도적으로 조금 더 많이 사용하는 것 등이 있을 것이다. 아이가 혼자 일어서서 걸을 수 있게 되면 아이에게 "Can you pass me the tissue, please?" 라는 말을 하고 또 다른 상황에서 "Can you pass me Daddy's phone, please?" 라고 하면 아이는 "Can you pass me …?" 라는 표현에 익숙해질 것이다. tissue나 cell phone 같은 어휘는 실물을 보면서 소리와 의미를 자연스레 연결하여 영어를 습득할 것이다.

두 번째는 미국의 언어학자 Noam Chomsky의 이론으로서 인간은 언어습득 장치(Language Acquisition Device)를 가지고 있다는 것이다. 부모의 역할은 아이의 능력을 믿고 기다려주는 것이다. 이 이론은 누구나 뇌에 언어습득 장치를 가지고 태어나기 때문에 어떤 언어든 적절한 인풋만 주어진다면 그 언어를 습득할 수 있다는 것이다. 선천적인 언어 습득 능력이 있기에 믿고 기다리면 아이는 언어 인풋을 활용하여 그 언어를 습득한다는 이론이다.

세 번째는 상호작용이론이다. 인간의 뇌 속에 언어 습득 장치가 있으므로 타인과 상호작용하면서 언어를 습득해 나간다는 이론이다. 언어의 주된 목표는 타인과 소통하는 것이다. 언어는 인간을 연결시켜 주는 도구이다. 언어라는 도구는 언어의 주된 목표를 달성하기 위해 필요하다. 언어는 사용을 기반으로 한 습득이 필요하다. 영어책, 노래, 그리고 다른 방법들도 중요하지만 핵심은 언어 자체의 1차적인 기능에 충실한 것이다. 필요에 의해 부모와 아이가 영어를 사용하고 답하며 상호작용하는 과정이 요구된다.

언어는 단순히 듣는 것보다 실생활에서 사용하면서 더 적극적으로 특정 표현을 반복하게 되며, 때론 실수를 통해 무의식적으로 혹은 의식적으로 그 실수를 바로잡아 나간다. 상호작용을 통하여 서서히 언어가 완성되어 가는 것이다. 영어 듣기, 말하기의 목적이 의사소통이어야 많이 사용하고 듣게 된다. 의사소통의 가장 기본적인 방법은 필요에 의한 소통이다. 요청, 명령, 부탁, 감사, 사과, 질문, 정보전달 등이 1차적 의사소통의 예이다. 이 기능들을 부모가 적극적으로 활용한다면, 아이가 영어를 의사소통 가능한 영어로서 습득할 것이다.

⑦ 영어 습득의 끝

영어는 전 세계의 많은 사람들이 사용하는 언어이다. '언어 습득에 있어서 끝은 존재하지 않는다.' 라는 표현은 옳은 말일 것이다. 그렇기에 엄마·아빠표 영어의 끝도 사실상 없다고 할 수 있다. 그런데 가정환경, 아이의 나이, 입시, 진학 등 모든 것을 고려했을 때, 부모가 직접적인 영향력을 발휘할 수 있는 시기는 생후부터 초등학교까지라고 할 수 있다(아이마다 개인차 존재). 아이가 태어나서 맥락이 주어지는 영어 'input'에 다량으로 노출되고 또한 사람들과 대화를 한다면 서서히 'output'을 뱉어낼 것이다. 이어서 책을 통해 다양한 표현들과 언어적 사고력을 높여나가며 서서히 아이가 듣고 말하고 읽고 쓰는 능력을 갖춰 나갈 것이다. 생활에서 자연스럽게 영어에 노출된다면 아이는 영어를 듣고 말하는 능력을 갖출 것이다.

⑧ 어떻게 영어를 노출해줄까?

Input, Output, Intake

아이의 눈과 귀로 들어오는 모든 종류의 영어 노출을 input(인풋)이라고 부른다. 아이가 영어 노출, 즉 영어 인풋을 이해하든 못하든 상관없이 모든 영어는 아이에게 인풋이 된다. 영어 노래, 부모가 읽어주는 영어책, 영어 문장, 동영상, 단어 카드 등 모든 종류의 영어가 인풋이다. 다다익선(多多益善)이라는 말이 잘 어울릴 정도로 인풋은 많으면 많을수록 좋다. 모든 종류의 인풋이 아이에게 유의미하지는 않을 것이다. 하지만 인풋이 많을수록 아이가 실제로 영어를 습득할 수 있는 유의미한 인풋이 많을 가능성이 높다.

여기서 인풋은 두 가지로 나눌 수 있다. 하나는, 아이가 이해하거나 상황을 통해 의미를 유추할 수 있는 유의미한 인풋이다. 다른 하나는, 아이가 전혀 이해할 수 없고 그 의미 또한 파악할 수 없는 무의미한 인풋이다.

전자가 'intake'이다. intake는 아이가 수많은 input 중에서 이미 알고 있거나 새롭게 알게 된 input을 의미한다. 예를 들어, 한 아이가 strawberry를 이미 알고 있다고 가정해 보자. 그때 부모가 아이에게 딸기와 체리를 보여주며 "Do you want strawberries or cherries?"라는 질문(영어 인풋)을 했다고 생각해 보자. 평소 부모로부터 "Do you want ~ ?"라는 말을 많이 들어서 이 표현에 익숙하고 'strawberry' 또한 보고 듣고 먹어보아서 아이는 이 단어를 잘 알고 있는 상태이다.

그런데 아이는 'cherry'라는 말을 들은 적은 없다. 이 상황에서 새로운 input은 cherry이다. 하지만 기존에 알고 있던 "Do you want ~ ?"와 strawberry라는 선행지식 때문에 눈앞의 체리를 cherry라는 소리와 연결시키게 된다. 이렇게 아이가 기존 지식을 바탕으로 새롭게 알아가는 소리-의미의 유의미한 결합을 'intake'라고 한다. cherry를 여러 번 먹어보며 아이는 부모로부터 "Would you like some cherries?, Why don't you eat more cherries?" 등의 표현을 들으면서 이런 의문문 및 다양한 문장들을 함께 단기기억을 거쳐 장기기억으로 서서히 저장할 것이다.

여기서 주목해야 할 점은 부모가 다양한 방식을 통해 아이에게 제공하는 적절한 수준의 인풋, 즉 아이가 영어를 가장 잘 습득할 수 있는 수준의 인풋을 만들고 선택하는 것이다. 예를 들어, 아이가 영어를 전혀 모르는 상태에서 자동차를 타고 갈 때 부모가 영어 동화를 틀어준다고 가정해 보자. 아이에게 노출시켜 주는 인풋이 영어 동화(예: 토끼와 거북이)가 전부일 때, 아이는 영어를 습득하기가 어려울 것이다. 만약 가능하다고 할지라도 오랜 시간이 걸릴 것이다. 아이가 소리로만 듣는 영어 동화의 의미를 파악할 길이 없기 때문이다.

하지만 아이가 동물원에 가서 거북이와 토끼를 보며 부모가 "Look at that turtle!", "The rabbit is eating her dinner." 등의 문장을 들은 적이 있다면 차에서 '토끼와 거북이' 영어 동화를 들을 때 아이가 유의미하게 받아들일 가능성이 높아진다. 'rabbit, turtle'이라는 선행지식이 있기에 새로운 정보가 들어오면 그 선행지식에 덧붙여서 의미파악을 하려고 노력할 것이기 때문이다. 그렇다면 어떻게 하면 영어노출을 이상적인 방식으로 할 수 있을까?

그것은 우선 아이에게 영어 노출(소리, 문자)을 이해할 수 있는 주변 환경을 제공해 주는 것이다. rabbit을 들어본 적이 없는 아이에게 rabbit이라고 하면 아이는 분명 이해할 수 없을 것이다. 하지만 동물원, 그림책, 단어카드, 영상 등에서 토끼를 보며 'rabbit'이라는 단어를 접한 후 'rabbit'을 들으면 아이는 머릿속에 토끼의 이미지를 떠올리며 "'rabbit'은 내가 예전에 그림이나 영상에서 본 토끼를 뜻하는구나." 라고 생각하게 된다.

노래도 마찬가지이다. '머리 어깨 무릎 발'이라는 노래를 아이에게 들려줄 때 'head, shoulder, knee, toe'라는 신체부위를 콕콕 찍어가며 듣게 하는 것이 효과적이다. 단순히 부모가 아이와 함께 듣거나 집안일을 하며 'head, shoulders, knees, and toes' 노래를 아이에게 흘려준다면 아이는 소리와 의미 연결에 실패하여 노래를 들어도 큰 관심이 생기지 않을 가능성이 높다.

이렇게 맥락과 함께 인풋을 제공한다면 아이는 재빨리 그 인풋의 의미를 알아챌 것이다. 아이가 영어 소리와 의미를 단기기억에 저장한 후 그 단어 및 표현을 여러 번 접한다면 장기기억 속에 그 단어를 저장하여 추후 다양한 상황에서 의미를 파악하고 나아가 적극적으로 사용할 수 있을 것이다.

부모는 단어나 문장을 맥락과 함께 노출시키거나, 이미 알고 있는 영어(선행지식)가 섞인 input을 많이 만들어주거나, 혹은 이것을 해줄 수 있는 책, 영상, 노래 등의 매체를 선택하는 것이 좋다. 이렇게 유의미한 input이 제공되어서 장기 기억 속에 영어지식이 풍부해지고 아이가 말할 준비가 되면 입으로 output이 나올 것이다. 아이가 output을 뱉어내 준다면 부모는 반가움과 기쁨으로 환호를 지를 것이다.

output은 소극적 output과 적극적 output으로 나눌 수 있다. 소극적 output은 아이가 영어를 말로 뱉어내는 것이 아닌 행동으로 하는 것을 의미한다. 부모가 "Can you close the door?"라는 요청을 하였을 때 아이가 이 말을 이해하고 문을 닫는 행동이 그 예시이다.

적극적 output은 우리가 흔히 알고 있는, 입을 통해 나오는 음성 영어 output이다. 우리나라에서 적극적 output을 중시하는 풍조로 인하여 인위적으로 외워서 말하게 하는 방식을 사용하기도 하는데 그것을 영어를 습득한다고 볼 수 없다. 아이가 스스로 의미와 소리를 연결하고 어휘, 문법 지식을 쌓고 체계를 만들어갈 시간을 충분히 갖게 해 주어야 하며, 부모는 기다려 줄 필요가 있다. 이 기간을 잘 기다려주지 못하고 output을 강요한다면 아이는 스트레스를 받을 수 있으며 영어에 흥미를 잃을 수도 있다.

⑨ 신체 활동을 통한 아웃풋 촉진법

　Total Physical Response(전신반응교수법)는 미국 언어학자 James Asher가 창안한 영어교수법이다. James Asher는, 아이는 신체적 활동을 좋아하기 때문에 단순 암기나 정적인 학습에서 벗어나 신체감각을 활용하여 학습해야 한다고 주장했다. 또한 아이가 영어 output을 입으로 쏟아내기 전에 듣기를 통하여 이해하고 언어체계를 형성하기 때문에, 듣기를 통한 언어 습득을 강조하였다.

　전신반응교수법은 아이가 언어적인 output을 말하기 전에 input을 듣고 몸을 사용하여 output을 행하는 것을 주된 활동으로 본다. 아이가 시간이 지나도 영어로 말을 하지 않을 경우가 있는데, 이럴 때 우리는 부모로서 우리의 영어교육 철학 및 방법을 의심하고 불안해하기도 한다. 그럴 때 아이가 즐겁게 영어를 듣고(input) 그 input을 이해하고 활발하게 처리하고 있다는 것을 확인한 후 아이들의 영어 습득을 도와줄 수 있는 방법이 바로 이 전신반응교수법이다. 전신반응교수법에서는 명령문과 청유문으로 대화가 구성된다. 놀이 형태로 아이와 대화를 진행하면 더 효과적이다.

> **예시)**
> - Can you go get a book? (가서 책 한권 가지고 올래?)
> - Can you close the door? (문 닫아 볼까?)
> - Can you turn the light off? (불 꺼볼까?)
> - Turn the light on again. (다시 불 켜보자.)

이렇게 특정 패턴을 반복할 수 있고 다양한 어휘들을 바꿔가면서 사용할 수 있다. 아이가 영어 input을 잘 이해하며 처리하고 있다는 것을 알 수 있다. 표현이 제한적이긴 하지만 요청하는 표현을 노출시켜 줄 수 있다. 또한 주변 사물을 지칭하는 어휘를 습득하는데 도움이 된다. 거창한 게임이 아니더라도 아이가 사소한 놀이에 흥미를 느끼며 하나의 명령문을 성공적으로 수행하면 부모가 칭찬을 통하여 아이에게 성취감을 맛보게 할 수 있다. 만약 아이가 특정 명령문을 제대로 수행하지 못한다면 부모가 실제로 그 행동을 보여주며 본보기를 보여줄 수 있다.

이와 같이 신체 활동과 함께 영어를 사용할 때 여러 가지 이점이 있다. 첫째, 영어에 대한 아이의 흥미가 올라가고, 둘째, 특정 문장 패턴을 반복함으로 자연스레 아이가 문장과 어휘에 대해 익숙해지며, 셋째, 영상이나 다른 도구 없이 부모가 언제 어디서든 할 수 있으며, 마지막으로 언어를 담당하는 좌뇌와 신체 운동을 담당하는 우뇌를 골고루 사용하여 아이가 균형 있게 발달하게 된다.

부모의 영어 능력 한계와 극복 방법

우리나라는 모국어로 한국어를 사용한다. 그렇기에 아이에게 영어를 일상생활에서 자연스레 노출시켜 주길 원하지만 현실적으로 한계가 있다. 부모의 영어 능력 및 구사력은 개개인마다 다르기 때문에 여기에서 개인차에 비중을 두지 않으려고 한다. 일상생활에서 자유자재로 영어를 구사할 수 있는 부모가 과연 얼마나 있을까? 그렇기 때문에 다양한 매체, 자료, 부모의 노력 등이 필요하다. 부모가 영어에 익숙하지 않으면 않을수록 매체의 활용비중이 커질 것이다. 부모가 직접 영어 노출을 만들어 내기가 힘들고 부담스러운 경우 대사(글)가 있는 영어책을 많이 읽어주는 것이 하나의 방법이 될 수 있다. 그림으로 내용 파악이 가능한 영상을 보여주거나 영상과 율동을 겸하여 들려줄 수 있는 노래도 좋은 수단이 될 것이다.

하지만 앞서 언급했듯이, 책, 노래나 영상만으로 영어습득을 이루어 내기는 어렵다. 언어의 제1기능인 의사소통을 해야 아이가 자연스레 영어를 습득할 수 있다. 이 책의 Chapter 1에 수록된 상황별 대화를 연습하고 익혀 아이와 대화를 하는 것이 효과적인 방법이다. 거창한 대화를 시도하기 보단 짧은 대화로 시작하여 아이와 소통하는 것이 중요하다. 엄마가 끓인 미역국을 떠먹으며 "Is it yummy?" 혹은 "Is it hot?", "Mommy will blow it for you." 라는 맥락에 맞는 대화가 때론 몇 권의 책을 능가하는 영어 습득을 가져다 줄 수 있다.

⑪ 영어 노출 시 주의점 2가지

1) 영어와 우리말 섞어 쓰기

부모가 아이와 의사소통을 하며 영어 노출을 할 때 아이가 조금 더 많은 영어를 접하도록 하기 위해 우리말 문장에 영어 단어를 섞어서 쓰는 경우가 있다(예시: 너 water 마실래?). 하지만 이 방법은 영어 습득을 방해할 뿐 아니라 모국어 습득에도 나쁜 영향을 끼칠 수 있으니 지양해야 한다. 우리말과 영어는 철자부터 다르며 어순, 문법, 조음 방식 등 거의 모든 것이 다르다. 또한 우리말과 영어를 1:1로 바꿀 수 있는 표현이 생각보다 많지 않다. 문법은 완전히 다르다고 해도 과언이 아니다.

이렇게 다른 특징과 체계를 가진 언어를 섞어 쓴다면 아이는 혼란스러워 할 것이다. 또 모국어 체계 형성에도 방해가 될 뿐 아니라 영어 체계 형성에도 도움이 되지 않는다. 각 언어의 어휘가 가지는 뉘앙스, 즉 독특한 쓰임과 어감을 느낄 수도 없다. 이렇게 두 언어를 섞어 쓰기 보단 영어 문장은 영어 문장대로, 우리말 문장은 우리말 문장대로 분명하게 나눠 사용해야 아이가 모국어 및 영어의 체계를 올바로 형성할 수 있다.

2) 영어를 우리말로 거치지 않기

영어는 영어로 접근하고 끝내는 것이 좋다. 영어를 우리말로 바꿔서 의미를 알려주게 되면 영어는 우리말의 하위범주 안에 머물게 된다. 가령, 'apple'이 있다면 '사과'라고 하기 보다는 귀찮더라도 냉장고 안에 있는 사과를 꺼내 보여주는 것이 좋다. 혹은, 휴대전화로 사과를 검색하여 그림으로 보여주거나 책에 있는 사과 그림을 보여주면 아이가 'apple'은 '사과'가 아닌 시각적인 정보의 형태로 이해할 것이다. 영어 단어 및 표현을 우리말로 바꿔주는 습관이 생기면 영어를 들었을 때 자연스레 우리말을 요구하거나 우리말에 의존하는 좋지 않은 습관이 형성될 수 있다.

그렇지만 아이가 영어 표현을 들었을 때 우리말 설명을 간절하게 원하거나 우리말 표현을 가르쳐 주지 않아 영어에 흥미를 잃을 수 있는 순간에 직면한다면 우리말로 의미를 가르쳐줘도 무방할 것이다. 영어를 할 때 우리말을 사용하지 않는 것을 기본 원칙으로 정해놓고 약간 융통성을 발휘하면 된다.

⑫ 엄마·아빠표 영어의 난관

　엄마·아빠표 영어를 아이와 함께 하다 보면 누구나 한번쯤은 난관에 부딪히게 된다. 부모 및 아이가 겪게 되는 어려움에는 두 가지가 있다. 부모의 어려움은 바로 지속성 문제와 인내, 끈기의 부족이다. 부모의 영어 실력 및 시간적·심리적 여유의 부족으로 인하여 영어 진행을 더 이상 못하는 경우가 생긴다. 때론 아이가 영어를 제대로 습득하고 있는지 의구심이 들어서 영어 노출을 망설이거나 포기하는 경우도 있다. 실제로 엄마·아빠표 영어의 맹점은 부모가 의지를 잃으면 아이도 덩달아 영어 노출이 중단된다는 것이다. 그렇기 때문에 부모가 여러 가지 이유로 부담을 느낀다면 쉽게 접근할 수 있게 적은 양부터 영어 노출 환경을 조성해주는 것이 바람직하며, 그것이 장기적으로 볼 때 득이 될 것이다. 부모가 직접 책을 읽어주며 노래를 함께 부르고 놀이를 하는 것이 지치고 부담이 될 때는 영상, 노래, 음성자료 등의 활용도를 높이면 된다.

　다른 한편, 아이가 영어를 어려워하거나 부담을 갖게 된다면 그 부담을 즉시 덜어주는 것이 좋다. 아이가 영어를 어려워할 경우 그 어려움을 존중해 줄 필요가 있다. 아이가 어려워하는 책이 있다면 그 책은 당분간 활용하지 말고, 아이에게 익숙하고 난이도가 상대적으로 낮은 책을 활용하는 것이 좋다. 아이가 영어 자체에 대해 부담을 느낀다면 영어 사용량을 줄일 필요가 있다. 아이의 영어에 대한 인식이 부정적으로 바뀌지 않도록 모국어(우리말) 사용량을 높여서 대화, 책, 영상, 노래, 놀이 등의 내용을 미리 알 수 있게 하면 좋다. 그 다음 영어를 노출하면 아이는 영어로 접하게 될 책 및 활동의 내용을 미리 알고 있기 때문에 영어로 그 내용을 접하더라도 덜 부담스럽게 접할 수 있을 것이다.

13 영어책 활용의 중요성

영어 책 읽기는 아이의 영어습득에 매우 큰 영향을 준다. 어릴 때는 그림이 있는 책은 아이의 영어습득에 필수적이다. 영어 그림책은 부모의 영어능력의 한계를 극복할 수 있게 도와준다. 그림책은 다양한 소재와 이야기를 담고 있으며 또한 표현도 무궁무진하기 때문이다. 영어 그림책 활용의 가장 큰 장점은 영어와 그 영어가 사용되는 맥락이 바로 그림으로 표현되어 있다는 것이다. 처음 보거나 듣는 영어 표현이라도 그림을 통해서 아이가 생소한 영어 표현에 대한 의미를 파악할 수 있으며, 그림이 있기에 덜 지루하고 흥미를 유발하여 지속적으로 책을 읽을 수 있게 한다. 영어 문자(소리)를 표현해주는 그림이 있으므로 부모가 영어 문자(소리)와 일치하는 그림을 손가락으로 가리키면서 책을 읽어주면 좋다.

앞서 언급한 'input, intake'의 개념을 적용하여 본다면, 손가락으로 그림을 가리키며 책을 읽어주거나 아이 시선과 글에 맞게 영어 그림을 움직여주며 읽으면 아이가 조금 더 쉽고 자연스럽게 다량의 영어 'input'을 유의미하게 'intake'화 할 수 있다. 영어 책은 글이 이미 책에 쓰여 있기 때문에 부모가 스스로 생각을 해서 영어를 구사해야 한다는 심리적 부담감을 덜어준다. 또한 영유아를 위하여 조작할 수 있는 책을 사용하거나, 책에서 사물이 튀어 나오는 듯한 'pop-up'책을 활용하는 것도 좋은 방법이다. 영어 책 활용은 아이에게 독서습관을 만들어 주는데 도움이 되며 영어 습득에 유용하다.

14
아이에게 맞는 책 선택

영어 책은 아이의 영어 흥미와 직결되며 엄마·아빠표 영어를 지속할 수 있게 해주는 고마운 존재이다. 하지만 그 책의 수준이 아이와 맞지 않거나 책의 소재나 내용이 아이의 관심사 밖이라면 영어 책읽기를 원만하게 할 수 없을 것이다. 그렇다면 어떤 책이 아이의 수준에 맞고 아이의 흥미를 불러일으킬까?

먼저, 아이의 흥미를 불러일으키는 책은 아이의 관심사 또는 성향과 밀접한 관계가 있다. 아이가 자동차를 좋아한다면 자동차와 관련된 책을 많이 읽을 것이고, 공룡을 좋아한다면 공룡이나 자연관찰 책을 좋아할 것이다. 또한 좋아하는 캐릭터가 있다면 그 캐릭터가 나오는 책을 읽어주는 것도 하나의 방법이다. 그림이 영어 글을 충분히 표현해주지 못하는 책은 아이가 소리와 의미 관계파악에 어려움을 겪을 수 있으니 글을 잘 표현해주는 영어 책이 좋다. 영어 책을 구입할 때 아이와 함께 서점을 방문하는 것도 좋은 방법이다. 표지를 보고 책을 만져보며 아이가 마음에 들어 하는 책을 구입하는 것이 좋다.

책의 소재와 주제는 아이의 흥미와 밀접한 관련이 있지만 책의 난이도도 영어책에 대한 아이의 흥미 유발에 큰 영향을 미친다. 너무 쉬운 책은 아이가 시시해 할 것이고, 아이 수준 혹은 나이에 비해 너무 글이 많은 책도 흥미를 가지기 힘들 것이다. 난이도 측면에서 본다면, 아이가 좋아하는 책은 어휘나 문장의 난이도가 현재 영어 능력과 거의 일치하거나 한 단계 낮은 책이다. 너무 쉽지는 않지만 아이가 부담 없이 읽을 수 있는 수준의 난이도가 적당하다.

영어로 된 책을 읽을 때 그림이 잘 그려져 있더라도 엄마가 읽어주는 영어 글에 모르는 어휘가 많이 섞여있다면 아이의 흥미는 금방 식어버린다. 흔히 부모는 모르는 어휘가 좀 섞여있어야 아이의 영어 습득도 빨리 일어날 것이라고 생각한다. 하지만 빨리 영어를 습득하는 것보다는, 우리말 책을 읽어 줄 때와 마찬가지로, 아이가 좋아하는 책, 잘 읽는 책, 아이가 어휘를 많이 알고 있어 쉽게 이해할 수 있는 책 위주로 영어 책을 선정하여 읽어주면 좋다. 그러면 장기적으로 보았을 때 더 많은 책을 접할 것이고 더 많은 어휘, 문장, 표현에 노출될 것이다.

모국어가 아닌 영어로 된 책을 읽는다는 것 자체가 아이에게는 큰 도전이다. 아이의 수준보다 더 높은 책을 내밀기보다는 아이가 재미있게 잘 읽을 수 있는 책을 선택하는 것이 현명한 방법이라고 할 수 있다. 아이는 쉬운 책이든 어려운 책이든 영어로 된 책을 읽는다는 사실만으로도 크게 동기부여가 되고 보상을 받는다. 책을 읽고 난 후 부모의 칭찬과 격려가 더해진다면 즐거운 독서 습관 형성에 큰 무리가 없을 것이다.

처음부터 아이의 수준에 맞는 책을 시행착오 없이 고르려면 부모가 책에 관해 많은 정보를 가질 필요가 있다. 그런데 부모가 책에 대해 많은 것을 알고 있다고 하더라도 실제로 아이에게 읽어주었을 때 기대와는 다른 경우가 많다. 그렇기에 개략적으로 아이의 수준에 맞는 책을 여러 권 준비하여 읽어주면 아이가 좋아하거나 싫어하거나 반응으로 아이 수준을 가늠할 수 있을 것이고 책 선택에도 많은 도움이 될 것이다.

15
영어 책 단행본 vs 전집

　영어 전집을 처음부터 덜컥 사는 것은 모험일 수 있다. 부모에게는 금전적인 부담이 될 수 있으며 또 기대감도 커진다. 전집을 샀으니 '이 책들을 열심히 보고 어느 정도 수준의 영어를 습득했으면…' 하는 생각을 하게 된다. 전집은 영어 단행본 원서와는 다르게 영어 표현이 풍성하지 않은 경우가 많다. 대체로 영어 전집은 영어 학습을 위해 출판되지만 영어 단행본 원서는 주로 아이의 독서와 즐거움을 위해 제작된 책이다. 단행본에는 영어권 국가에서 사용하는 풍부한 표현들로 구성되어 있는 경우가 많으나, 전집은 우리나라 아이를 대상으로 하여 학습을 목표로 제작된 책이 많기 때문에 차이가 있다. 단행본은 책마다 작가와 출판사가 달라서 삽화, 문체, 구성이 다르지만 일반적으로 전집은 하나의 출판사에서 출판하기 때문에 책마다 소재는 다르더라도 그림과 문체가 유사하다.

　따라서 덜컥 전집을 구입하기보다는 아이의 취향과 수준에 맞게 여러 가지 단행본 책을 사는 것을 추천한다. 아이가 그 책들을 읽거나 읽지 않음에 따라 부모는 아이의 기호와 수준을 더 잘 파악할 수 있고 다음 책을 고를 때 좋은 지침이 될 것이다. 단행본으로 구입한 책들을 많이 읽은 후 아이가 원할 때 전집을 구매해도 늦지 않다.

16 영어책을 읽어주는 방법

　부모가 아이에게 처음 영어책을 읽어주는 것은 부모에게도 다소 부담이 될 수 있다. 현재 엄마와 아빠는 초등학교 3학년 혹은 중학교 때부터 영어를 접했을 것이지만 영어로 말하고 듣고 쓰는 것에 익숙하지 않은 분들이 많을 것이다. 소리 내지 않고 독해를 하고, 단어와 문법 규칙을 외우고 적용하는 것에 익숙하기 때문에, 처음 영어책을 아이에게 읽어주는 것은 부모에게도 부담일수 있을 것이다. 그렇다고 해서 엄마·아빠표 영어를 하는 것에 책이 빠진다면 엄마·아빠표 영어에서 큰 부분을 잃는 것과 같기에 부모의 노력이 필요하다.

　자신이 없더라도 부모가 읽어줄 수 있는 범위 내에서 아이가 흥미를 가지고 재미를 느낄 수 있도록 감정을 살려서 읽어주면 된다. 마치 어린이집이나 유치원 선생님이 된 것처럼 말이다. 비록 영어가 서툴러 약간 어설프게 읽어준다고 문제될 것은 없다. 서툰 영어 때문에 책읽기를 주저하는 부모가 많은데 아이는 부모가 책을 읽어준다는 그 자체만으로 기쁨과 유대감을 느낄 것이며 사랑받고 보살핌을 받고 있다는 느낌을 받을 것이다. 거기에 덧붙여 영어로 읽어주니 일석이조가 된다. 기본적으로 영어 책 읽는 방법은 우리말 책 읽는 방법과 동일하다. 무미건조하게 읽기보다는 강약이 있고 글의 분위기에 적절한 톤으로 실감나게 읽어주면 좋다.

영어책을 읽어주는데도 순서가 있다. 아이가 좋아하는 소재와 내용의 책을 다른 책보다 먼저 읽어주어 책에 대한 아이의 흥미를 우선적으로 높일 필요가 있다. 예를 들어 아이가 장난꾸러기 'David'에 관한 책을 좋아한다면 이것을 그날의 첫 책으로 읽어주는 것이다. 재미있는 책을 통해, 아이에게 책 읽기는 재미있는 활동임을 느낄 수 있도록 해 줄 필요가 있다. 아이가 평소 즐겨 읽거나 특별히 좋아하는 소재의 책을 2~3권 읽어주며 독서의 즐거움을 충분히 느낄 수 있게 하면 좋다. 그 후 다양한 소재의 책을 읽으면 독서습관 형성에도 도움이 될 것이며 더불어 영어 습득에도 한 걸음 더 다가갈 것이다.

아이가 영어 책 읽기를 거부하는 경우

　부모가 영어 책을 읽어주고 싶지만 아이가 영어 때문에 내용을 이해하지 못하여 책 읽기를 거부하는 경우가 있다. 이런 경우 아이에게 책 내용을 파악할 수 있도록 책의 그림을 미리 훑어보게 하거나 부모가 아이와 책을 함께 보며 우리말로 내용을 미리 설명해 준다면 아이의 어려움을 다소 줄여줄 수 있다. 아이는 매번 새로운 책을 읽기보다는 좋아하고 애착이 있는 책을 여러 번 읽는 경향이 있다.

　그래서 처음에는 우리말로 책의 줄거리를 설명하고 그림을 탐색한 후 영어로 읽어주면 아이는 이미 내용을 알고 있기에 영어 음성(글)과 내용(의미) 연결을 수월하게 할 수 있다. 이 방법을 사용하면 아이가 책 내용 파악에 대한 막연한 부담이나 두려움을 없앨 수 있으며 서서히 영어와 친숙해진다. 어떤 책은 우리말 번역본이 있는 경우가 있다. 이 경우 번역본을 먼저 읽고 영어 책을 읽어 주는 것도 하나의 방법이 될 수 있다.

⑰ 영어 발음과 영어책 읽기

엄마·아빠표 영어를 시작하며 가지는 많은 고민 중 하나가 바로 발음이다. 아이에게 들어가는 영어 'input', 즉 부모가 읽어주는 책의 발음에 문제가 있으면 아이가 올바르게 영어를 습득할 수 있을까라는 의문을 가질 수 있다. 여기서 한 가지 문제는 부모의 발음을 즉시 개선할 수 없다는 것이다. 육아하랴, 일하랴, 집안 일 하랴, 거기에 엄마·아빠표 영어하랴, 이런 상황에서 발음까지 더 좋아야 한다고 기대하는 것은 무리일 것이다. 우리나라에서는 영어라고 하면 유창한 발음을 떠올리고 발음에 과하게 엄격한 잣대를 대는 경향이 있다. 그래서 부모가 아이에게 책을 읽어줄 때도 부담을 느끼며 고민을 할 때가 많다. 원어민에 준하는 발음을 목표로 설정하기보다는 좀 더 현실적인 목표 설정이 필요하다.

우리 사회, 나아가 세계는 영어를 구사할 때 영어권 국가의 원어민 수준의 발음을 요구하지 않는다. 의사소통이 가능하고 상대방이 이해할 수 있는 정도의 발음이면 충분하다. 우리는 부모로서 발음에 대한 기준을 조금 낮추고 부모가 구사할 수 있는 발음을 최대한 자신 있게 읽어주면 된다. 일례로서 유럽 (스위스, 독일, 스웨덴, 덴마크, 핀란드 등)은 영어를 모국어로 하지 않는 나라들이 대부분이지만 그 사람들은 자신 있게 영어를 사용하며 어느 정도 유창성을 가지고 영어를 구사한다. 우리나라 사람들은 발음에 많은 신경을 쓰다 보니 발음에 자신이 없어 영어를 사용하는 것을 꺼린다. 하지만 이 나라 사람들은 자신이 아는 범위 내에서, 자신이 구사할 수 있는 영어 발음을 망설임 없이 사용하는 것을 볼 수 있다.

우리나라 부모들도 적극적으로 자신이 할 수 있는 발음으로 영어를 구사하면 되는 것이다. 발음에 자신이 없어 영어책을 읽어주지 않는다는 것은 구더기 무서워서 장 못 담그는 것과 비슷하다. 아이가 성장함에 따라 부모와 영어로 상호작용하는 시간보다는 책을 읽거나, 노래를 듣거나 영상을 보는 등 부모와 함께하지 않는 영어 노출 수단이 많아진다. 시간이 갈수록 부모의 발음에 영향을 덜 받게 된다. 그렇기 때문에 부모는 너무 발음에 연연하지 말고 자신 있게 소리 내어보는 것이 좋다. 혹시 부모가 시간적 여유가 있을 때 사전에서 발음을 검색하여 들어보고 연습해서 말해주면 도움이 될 것이다.

그렇다고 하더라도 발음에 대한 걱정은 쉽사리 사라지지 않는다. 이러한 걱정을 줄여줄 수 있는 방안은 영어책 음원을 사용하는 것이다. 부모가 영어 책을 여러 번 읽어주고 그 영어책에 포함되어 있는 영어 음원을 온라인에서 다운 받아 이것을 차를 타고 이동할 때나 일상생활에서 재생하는 방식으로 활용할 수 있을 것이다. 최근에 출판된 영유아, 어린이 영어책에 영어 음원이 포함되어 있는 서적들이 다수 있으며 또한 영상과 연계된 책들도 많다. 부모가 책읽기에 자신이 없는 경우 이러한 매체들을 활용하는 것이 보완책으로 유용하다.

영어와 우리말 발음의 차이 2가지

우리말은 음절 중심 언어(syllable-timed language)이고 영어는 강세 중심 언어(stress-timed language)이다. 먼저, 음절 중심 언어란 음절이 길어지면 길어질수록, 즉 문장의 길이가 길어지면 길어질수록 읽는데 많은 시간이 걸리는 것을 뜻한다.

> **예시**
> 1) 새가 지렁이를 먹는다.
> 2) 새가 그 지렁이를 먹는다.
> 3) 새가 그 지렁이들을 먹었을 것이다.

위 세 문장을 차례로 읽어보면 문장을 읽는데 걸리는 시간이 다르다는 것을 알 수 있다. 우리말 글자 수가 늘어남에 따라, 즉 음절이 추가됨에 따라 문장을 읽는 시간도 길어지기 때문이다.

하지만 영어는 다르다. 영어는 음절 중심이 아니라 강세 중심 언어이다. 강세 중심의 언어는 영어 문장에 단어들이 추가되더라도 전체 문장을 읽는 시간이 거의 변하지 않는다. 그 대신 문장 속의 단어들을 빨리 읽거나 특정 단어나 소리를 약화시키거나, 축약, 생략의 현상을 거치게 된다.

> **예시**
>
> 1) The puppy eats the dog food.
> 2) The puppies are eating the dog food.
> 3) The puppies will have eaten the dog food.

　1)번~3)번 문장을 읽는데 걸리는 시간은 거의 비슷하다. 아니 똑같다고 할 수 있다. 문장에서 특별한 내용이 없는 'are, the, will, have' 이런 단어들은 축약이 되거나 강세를 받지 못하고 약하게 읽히거나 때론 매우 짧게 읽혀 마치 없는 것처럼 느껴지기도 한다. 즉, 이 세 문장을 읽는데 걸리는 시간은 같게 되는 것이다. 물론 내용을 가지는 단어(내용어)들이 추가가 되면 당연히 문장을 읽는데 걸리는 시간은 길어진다.

> **예시**
>
> The puppies will have eaten the dog food by 8 o'clock.

　위 예시에서 기존 3)번 문장에 없던 'by 8 o'clock' 이라는 표현이 추가되었다. 이 표현은 '8시쯤 되면'이라는 새로운 내용을 가지고 있다. 이렇게 내용을 지닌 단어나 어구가 추가되면 우리말과 마찬가지로 문장을 읽는 시간이 늘어나게 된다. 그렇다면 이러한 우리말과 영어의 차이를 엄마·아빠표 영어에 어떻게 적용할 수 있고 어떻게 활용할 수 있을까?

　이미 우리말만 사용하는 성인은 이러한 영어-한국어 차이를 극복하려면 인위적인 노력이 필요하다. 성인들이 영어듣기가 잘 되지 않는 이유도 바로 여기에 있다. 영어의 축약, 생략, 소리의 약화 같은 현상에 익숙하지 않기 때문이다. 하지만 우리말 및 영어에 익숙하지 않은 아이들은 이러한 강세와 약화된 소리, 축약된 말들에 노출되고 익숙해질 것이기 때문에 자연스럽게 습득하게 된다. 부모의 역할은 다양한 표현, 다량의 영어를 여러 방법(직접, 간접)을 통해 아이에게 노출시켜 주는 일이다.

Phonics(파닉스)

phonics는 무엇인가요?
phonics는 언제부터 해야 하나요?
아이가 phonics를 어려워합니다. 어떻게 해야 할까요?

phonics를 이야기하기 전에 영어라는 언어의 특징에 대해 알아볼 필요가 있다. 영어는 인도-유럽어에 뿌리를 둔 게르만(German)어 계통의 언어이며 산스크리트어, 페르시아어, 그리스어, 라틴어 등 많은 언어의 영향을 받아 오늘날의 영어에 이르게 되었다. 유럽은 수많은 식민지 지배 및 그에 따른 전쟁 등으로 인해 여러 가지 언어의 영향을 받았다. 그래서 영어 단어의 어원은 다양한 언어에서 찾을 수 있다. 또한, 1500년대에 'Great Vowel Shift'(대모음 추이)라는 큰 변화를 겪으면서 영어 철자와 발음간의 불일치가 두드러졌다. 1500년대 이후 인쇄술이 발전하여 성경이나 사전 등이 출판되었고, 영어라는 언어가 현재의 언어와 닮은 형태로 획일화되며 자연스레 정리되었다. 이러한 과정을 거치다 보니 현재 영어 철자를 음성으로 소리 내어 읽는 데 일관성이 없어졌고, 따라서 상당히 어려워졌다는 것은 부인할 수 없다.

영어를 'non-phonetic language'라고 부른다. 직역하면 '비음성언어'라고 할 수 있는데, 그 의미는 문자(영어철자)와 그 발음이 일치하지 않는 언어라는 뜻이다. 반면, 우리말(한국어)을 'phonetic language', 즉 음성언어라고 부른다. 아래 예시를 보면 더 쉽게 이해가 된다.

> **예시**
> 바다, 바람, 모발, 협동

예시)에서 'ㅂ'의 소리는 모두 동일하다. 즉 우리가 알고 있는 'ㅂ', [b]소리로 같다. 우리말은 자음과 모음이 쓰이는 환경에 따라서 몇몇 예외를 제외하고 각 철자의 발음이 변하지 않고 동일하다. 이러한 일관성이 있기에 우리말 읽는 방법은 영어보다 상대적으로 쉽다.

반면, 영어의 경우는 다르다. 아래 단어들을 소리 내어 읽어보자.

> **예시 1**
> bow, cow, boy, pocket, born
> **예시 2**
> sure, issue, sugar, shoot, ocean

예시1)에서 bow[보우], cow[카우], boy[보이], pocket[파킷], born[보언] 이렇게 발음 되는 것을 알 수 있다. 여기서 주목할 점은 같은 철자 'o'임에도 여러 가지 다른 발음으로 읽힌다는 것이다. 하지만 우리말에 'ㅗ'는 어떤 상황, 즉 '오리, 올해, 골수, 옷' 등등 'ㅗ'가 사용되는 모든 상황에서 동일한 발음으로 읽힌다. 이러한 영어 발음법의 불규칙성 때문에 영어에서 철자-발음 익히기는 많은 실수를 불러일으키고 상대적으로 어려운 편이다.

예시2)를 보면 sure[슈:어], issue[이슈], sugar[슈거], shoot[슅:], ocean[오우션]이라고 발음된다. 여기서 특이점은 철자는 표면적으로 's, ss, sh, c'로 각각 다르지만 동일하게 [ʃ] 무성음 [슈, 쉬]발음이 난다는 것이다. 철자가 다름에도 불구하고 발음이 같다는 것이 영어의 철자-발음 습득을 어렵게 만든다.

영어의 철자-발음 학습의 어려움은 미국의 'Spelling Bee'라는 받아쓰기 대회에서 찾아볼 수 있다. 우리나라는 유치원 및 초등학교 저학년에서 한글을 읽고 쓰는 것을 배우기 위해 받아쓰기를 실시하지만 초등학교 고학년 및 중고등학교에서는 받아쓰기를 하지 않는다. 그런데 미국에서는 철자와 발음의 불일치로 인하여 초등학교 저학년까지가 아닌 성인이 되어서까지 'Spelling Bee'라는 받아쓰기 대회가 실시되고 있다. 이러한 대회의 존재 자체가 영어 철자-발음 학습의 어려움을 보여주고 있다.

우리가 흔히 알고 있는 'phonics'란, 문자와 그 문자에 상응하는 음소의 관계를 파악하여 발음을 학습하는 교수법이다. 즉, 영어 단어를 읽을 수 있는 능력을 키우는 교수학습법이다.

대체로 영어를 모국어로 하는 국가(미국, 영국, 캐나다, 호주 등)에서는 영어 읽기를 4세 무렵 실시한다고 한다. 영어 'phonics'를 4세 이전 아이에게 가르치는 것은 여러 가지로 어려움이 따른다. 첫째, 4세 이전 아이는 인지 발달 단계상 문자에 별 관심이 없다(개인차 존재). 둘째, 우리말은 철자-발음의 일관성이 있지만 영어는 일관성이 없으므로 4세 이전의 아이가 학습하기에는 난이도가 높다. 셋째, 4세 이전의 아이가 연습을 통해 'phonics'를 한다고 하더라도 성인이 느끼는 것 이상의 스트레스를 받을 수 있으며 자칫 영어 자체에 대한 흥미를 잃을 수 있다. 넷째, 영어의 철자-발음 불규칙성은 4세 이전의 아이가 규칙 및 예외사항을 이해하고 암기하기에 무리이다.

이러한 이유로 인해 영어 'phonics'를 4세 이후에 시작하기를 권한다. 그래도 부모입장에서 4세가 'phonics'를 하기에 늦다고 판단한다면 각 알파벳이 단어 속에서 어떻게 사용되고 어떤 소리가 나는지 가볍게 훑는다는 느낌으로 접근하면 좋을 것이다. 아이가 어린나이에 영어를 척척 읽어낸다면 부모의 입장에서 기분이 좋을지 몰라도 굳이 너무 이른 나이에 할 이유는 없어 보인다. 이와 같이 영어권 국가에서 철자-발음 학습을 4세에 시작하는 것에는 이유가 있다. 영어권 국가에서도 phonics를 4세에 시작하는데 비영어권국가에서 4세 이전에 하는 것은 무리가 있다고 보인다.

그렇다면 'phonics' 대신 4세 이전의 아이에게 부모가 할 수 있는 것은 무엇일까?

한글로 된 그림책을 읽어주듯이 영어책을 많이 읽어주면 된다. 영어를 노출해 줄 다른 수단이 있다면 그렇게 해도 좋다. 문자를 익히기 전 어린 나이에 언어 습득은 주로 소리로만 이루어진다. 그림, 맥락, 어조, 실물 등의 보조 수단들이 있지만 소리의 의미를 파악하게 해줄 수단일 뿐 언어 습득을 일어나게 하진 않는다. 즉, 문자 습득 전 어린 나이에는 소리를 통해서 어휘를 받아들이고 암묵적으로 문법 규칙을 습득한다. 문자 해독력 및 문자에 대한 관심이 생기기 이전의 나이에 무리하게 문자를 배우게 하는 것보다는 영어습득이라는 큰 그림을 보고 아이의 발달 단계에 맞게 영어 노출을 시켜주는 것이 바람직하다.

'phonics'는 어떻게 하면 효과적일까요?

- phonics는 26개 영어 철자의 발음법(44개의 음소)을 습득하는 것으로서, 한꺼번에 여러 개의 발음 및 철자를 학습하는 것은 효과가 적다. 한 번에 한 개에서 두 개 정도의 철자와 발음법을 하고 그 발음을 단어 및 그림·사진을 통해서 연습해 보는 것이 좋다.

- 딱딱하게 철자 하나를 보여주고 음을 들려주는 것보다는 노래 혹은 라임으로 재미있게 구성해 실시하는 것이 효과적이다. 이렇게 함으로써 아이의 흥미를 이어갈 수 있다. 아이가 영어를 즐거운 경험으로 인식하도록 하는 것이 좋다.

- 4세 전후가 되면 아이는 자연스레 문자에 관심을 가지며 문자를 익히고 읽고 싶어 하기도 한다. 그때 phonics는 아이에게 가장 효과가 좋다. 앞서 언급한 것처럼, phonics는 아이에게 규칙과 예외사항을 인지하고 발음하게 해야 하는 어려운 작업이다. 그렇기 때문에 아이가 철자를 잘 읽거나 쓴다면 아낌없는 칭찬과 격려를 해 줄 필요가 있다. 또한 틀리게 읽거나 쓰는 경우 과도하게 수정을 요

구하는 것은 영어에 대한 아이의 흥미를 떨어뜨릴 수 있다.

• phonics는 적절한 시기에 하는 것이 좋다. 영어 철자를 읽는 것에 흥미를 느끼면 아이는 더 많은 단어를 읽으려고 할 것이다. 아이가 발음을 어릴 때 습득하면 환경에 따라서 원어민에 근접한 수준까지 습득할 수 있다. 4세부터 초등학교 저학년까지가 적당한 시기이다.

• 우리나라에 없는 발음이거나 발음이 헷갈리는 경우, 두 단어의 발음차이가 하나인 단어를 그림과 함께 제시하면 효과적이다. 예를 들어, 'rice(쌀)/lice(이-벌레의 한 종류)', 'mouse(쥐)/mouth(입)' 같이 발음 차이가 하나인 단어들을 그림과 함께 제시하면 아이가 그 특정 발음의 차이를 확연히 알 수 있고 더 잘 습득할 수 있다.

• phonics 순서 : ① 알파벳 익히기
　　　　　　　② 각 알파벳의 음가 익히기
　　　　　　　　ex) b:[b] 'ㅂ'
　　　　　　　③ 각 음가들 조합해서 발음하기
　　　　　　　　bus:[b] + [ʌ] + [s] = [bʌs]
　　　　　　　④ ①~③ 단계와 병행하여 꾸준하게 영어 책 읽기

㉑ 영어 아웃풋(output)

'우리 아이의 영어 output은 언제 나올까?'라는 질문을 스스로에게, 지인들에게, 혹은 전문가들에게 많이 해 보았을 것이다. 딱 부러지게 대답해 주는 사람은 아마 없었을 것이다. 아이의 성장 속도, 인지 발달 속도, 성격, 환경, 필요성, 동기 등이 다르기 때문이다. 앞서 설명한 침묵기(silent period) 및 다량의 영어 노출이 주어진 후 부모는 아이의 아웃풋을 서서히 기다린다. 우리 아이가 언제 영어로 입을 열지 알 수 없지만 조금은 예측하고 촉진시켜 줄 수 있다.

사람이 모국어(우리말)든 외국어든 입으로 말을 하는 이유는 대부분 '필요' 때문이다. 친구와 함께하는 사소한 내용의 수다일지라도, 심지어 혼잣말일지라도 스트레스 해소, 유대감 형성, 긴장 이완 등의 이유에서 말을 하게 된다. 아이가 말을 시작하기 위해 그 말을 사용할 필요가 있는 환경을 조성해 주는 것이 좋다. 다시 말해 일상생활에 영어가 서서히 녹아들어야 한다는 것이다.

모든 일상을 영어로 하는 것은 영어권 국가에 거주하지 않은 이상 불가능에 가깝다. 그렇지만 생활 속에서 부모의 능력 안에 있는 영어는 사용할 필요가 있다. 우리나라 국적을 가진 사람 중 생활 속에서 영어를 부담 없이 사용하는 사람은 드물다.

아이는 모국어가 아닌 영어라는 외국어에 대해 심리적인 방어막을 내려놓는데 시간이 필요하다. 부모도 아이와 영어를 매개로 소통하는데 준비가 필요하다. 영어 책 육아, 영상을 통한 육아, 노래, 놀이 등 많은 수단들이 있지만 매일 조금씩 영어로 소통하는 습관을 만들어갈 필요가 있다. 그래야만 아이도 "I want to wash my hands."라고 하니 엄마가 화장실로 나를 데려 가더라.' 라는 생각을 하게 된다. 손이나 얼굴이 찝찝해 씻고 싶다는 표현을 할 때 이와 유사한 표현을 사용하려고 노력할 것이다.

대화는 1장에 수록된 상황별 영어대화를 참고하여 하루에 한 개씩이라도 시작하면 된다. 처음부터 영어에 능숙한 사람은 없으며 처음부터 우리말보다 영어가 편한 사람은 없다. 모두 노력에 의해 익숙해지고 연습한 결과이다. 이렇게 일상에서 요청하기, 부탁하기, 의견 묻기 등의 대화가 오가면서 아이도 서서히 입을 열게 될 것이다. 어릴 때 아이는 부모가 하는 말을 쉽게 모방하고 그 자체로 재미있어 할 때가 많다. 아이에게 효과적인 대화는 필요에 의해 나오는 자연스러운 대화이다.

예시 1
(영어책을 읽는 중 아빠의 질문)

- 🧑 **Wow. Look at these balloons. What color are they?**
  우와. 이 풍선들 봐. 무슨 색이야?
- 👧 **Yellow, green, blue, and red.**
  노란색, 초록색, 파란색, 빨간색이요.
- 🧑 **Yes, that's right. They are so pretty, aren't they?**
  그래 맞아. 진짜 예쁘지, 그렇지 않니?

> **예시 2**
>
> (아빠와 외출하기 전 아이 양말 고르는 중 서둘러야 하는 상황)
>
> 👨 **Let's get going. We are running late.**
> 어서 가자. 우리 늦었어.
>
> **What color socks do you want to wear today?**
> 오늘은 무슨 색 양말 신을 거야?
>
> 👧 **Brown!**
> 갈색이요.
>
> 👨 **Good. Can you put your shoes on? Daddy will get the bag.**
> 그래. 그럼 신발 신을래? 아빠는 가방 가져올게.

예시1)은 필요에 의해 아이가 대답하는 경우가 아니다. 예문에는 필자가 임의로 영어로 'Yellow, green, blue, and red'라고 적어 놓았지만, 아빠가 물어서 대답한 것이지 현재 이 대화가 아이에게 꼭 필요한 대화는 아니다. 단순히 책에 풍선이 있어서 아빠가 색깔을 물은 것이다. 하지만 예시2)는 다르다. 예시2)는 아이가 대답을 하지 않으면 안 되는 상황이다. 아이는 아빠의 얼굴과 목소리에서 다급함이 느껴진다. 아빠가 서두르고 있는 상황에서 아빠가 무슨 색 양말을 신을 것인지 질문을 던진다. 이 질문엔 아이가 피할 수 없다. 아이 입장에서는 선택을 하여 아빠에게 색깔을 말해주어야 한다. 필자가 이해를 돕기 위해 다급한 상황으로 설정했지만 일상적으로 필요에 의해 아이가 말을 하도록 질문을 많이 하는 것이 좋다. 이렇게 필요에 의해 소통하기 시작하면 영어 output이 서서히 나타나기 시작할 것이다.

22
질문의 중요성

output을 촉진하는 방법에는 여러 가지가 있지만, 일상적인 대화가 가장 좋다. 다양한 유형의 의사소통 중에서도 질문은 대화를 시작할 수 있게 한다. 아이가 다량의 영어 input에 노출된 후 부모가 던지는 질문은 output의 촉매제 역할을 한다. 아이는 머릿속에 의식적으로 혹은 무의식적으로 저장하고 처리해 둔 input을 끄집어내어 자신만의 방식으로 output을 만들어낸다. 아이가 직접 사고하여 언어를 사용하고 의견을 표현할 수 있게 하는 첫 단추가 질문이다. 질문은 기본적으로 대답을 요구하기에 아이가 무의식적으로 output을 만들어 내려고 노력하게 만든다. 흔히 사용할 수 있는 질문에는 두 가지가 있다.

1) 네/아니요 대답을 요구하는 질문 (Do you ~ ?, Is it ~?)

예시
Do you want to take a shower?
Is it yummy?

2) 다양한 대답을 요구하는 질문(Who, When, Where, What, How, Why)

> **예시**
> Who did you go to the park with?
> What did you eat for lunch?

　1)번은 Yes/No 둘 중 하나의 대답을 요구한다. 질문에 모든 정보가 들어가 있으며 아이가 대답하기 위한 심리적 부담은 낮은 편이다. 일상생활에서 '맛이 있는지? 화장실 가고 싶은지? 물을 마시고 싶은지? 배가 고픈지?' 등 다양한 소재로 질문을 구성할 수 있으며, 아이로부터 상대적으로 쉽게 대답을 이끌어 낼 수 있다.

　2)번은 아이에게 조금 더 많은 정보의 처리와 생각을 요구한다. 부모가 묻는 것을 이해하고 자신의 의견을 영어로 표현해야 한다. 처음에는 모국어로 혹은 영어 단어 수준으로, 시간이 지나면 문장에 가깝게 그리고 더 익숙해지면 완전하게 영어로 자신의 의견을 표현할 것이다. 시간이 걸릴 수도 있지만 자주 이러한 질문을 해야 아이도 익숙해지며 서서히 대답하기 시작할 것이다. 부모가 아이에게 이러한 질문을 활용한다면 일단 말문을 틀 수 있다. 부모는 책을 비롯한 다양한 자료를 활용하여 아이가 영어로 대답할 수 있도록 질문을 많이 할 필요가 있다.

㉓ 우리말(모국어)이 영어에 미치는 영향

아이가 영어를 많이 보고 듣고 말할 준비가 되면 서서히 말을 하기 시작한다. 하지만 아이는 처음부터 완전한 영어를 뱉어내지 않는다. 누구나 그렇듯이 어설프고 불완전한 영어로 시작한다. 때론 우리말의 간섭을 받아서 오류를 포함하고 있는 영어를 사용하기도 한다. 아이가 모국어(우리말)를 습득하면서 알고 있는 영어 어휘를 우리말 어순에 대입하여 말하는 경우가 생길 수 있다. 혹은 우리말은 받침을 제외하고 각 자음마다 모음을 붙여 하나의 음절로 말하기 때문에 영어 발음에도 그대로 적용하여 말하는 경우가 있다. 예를 들어, 영어로 'school'이라고 하면 아이가 [스쿨]로 읽어야 하지만 [스쿨]같이 모음 'ㅡ'를 의식적으로 첨가하기도 한다. 모국어와 외국어 사이에 이런 간섭현상은 충분히 일어날 수 있으며 자연스러운 현상이다. 이러한 오류가 나타난다는 그 자체가 아이가 영어를 습득하고 있다는 증거이므로 반가운 일이라 할 수 있다.

이렇게 모국어와 습득하려는 다른 언어 사이의 중간언어를 'interlanguage(중간언어)' 혹은 'learner language(학습자 언어)'라고 부른다. 이 중간언어는 완전하지 않은 상태이며 습득하려는 대상 언어로 가고 있는, 말 그대로 중간 단계에 있는 과도기적

언어이다. 아이가 영어를 서서히 사용하면서 오류를 범하더라도 부모는 자부심과 자신감을 가지고 현재까지 하던 방식대로 영어를 꾸준히 노출시켜 주면 된다. 때론 이 중간언어의 오류가 고착화될 수 있다. 아이가 오류를 범할 때 아이의 영어 자아를 손상시키지 않으면서 아이에게 올바른 표현을 보여줄 수 있는 여러 가지 오류 수정 방법을 사용하면 효과적이다.

아이의 영어 오류 수정 방법

1) 올바른 표현으로 다시 말해주기(recast)

이것은 아이가 오류를 범하면 부모가 올바른 표현으로 본보기를 보여주는 기법이다. 이 기법의 장점은 아이가 오류를 수정받고 있다는 느낌을 갖지 않으므로 영어 자아 및 영어 자신감에 손상을 입지 않는다. 자연스러운 대화 속에서 오류 수정이 일어나므로 대화의 흐름도 끊기지 않는다. 책을 읽고 있다면 오류 수정을 위해 책 읽기가 중단되는 것이 아니라 책을 읽는 중에 자연스레 아이에게 올바른 표현이 제공된다. 단점은 아이가 올바른 표현을 알아채지 못할 수 있다는 것이다.

> **예시**
>
> 🧒 I am thirsty. Can I have a water glass?
> 저 목말라요. 물 컵 주실 수 있나요?
>
> 👨 Oh, do you want a glass of water?
> 아, 물 한잔 말이니?

위 예시에서 아이가 water glass 라는 어색한 표현을 사용하였다. 우리말로는 '물컵' 정도의 의미를 지니지만 물을 의미하지는 않는다. 그래서 부모가 되물으며 'a glass of water?'라고 올바른 표현을 제공해 주었다. 아이는 이 질문에 'yes'라고 대답하거나 아이는 고개를 끄덕일 것이다. 대화의 초점은 아빠에게 물을 달라고 한 것이고 아빠가 되물은 것은 아이가 물을 마시고 싶은 것을 확인한 것이다. 아이의 입장에서 아빠가 영어를 수정했다고 생각할 가능성은 낮다. 물론 초등학교에 입학하고 아이가 성장할수록 이 기법을 의식적으로 알아챌 수 있지만 명시적으로 설명해주는 것보다는 이 기법이 아이의 영어 자아를 훨씬 더 존중해 준다.

어휘 수준에서 일어날 수 있는 아이의 또 다른 오류를 보자.

> **예시**
> 🧒 Strawvery! Strawvery!
> 👨 Do you want some strawberries?

아이가 [b], [v]발음에 혼동이 와서 'strawberry'를 'strawvery'로 잘못 발음하였다. 이때 부모는 아이가 딸기를 먹고 싶은지 의사를 확인하는 척 하며 올바른 발음을 보여주는 것이다.

2) 명확하게 말하도록 요청하기(clarification request)

> **예시**
> 🙂 Strawvery! Strawvery!
> 👨 I didn't get that. Can you say that again?
> 아빠 이해 못했어. 다시 이야기 해 줄래?
> (What was that again? = I'm sorry?)

아이가 딸기를 'strawvery'라고 틀리게 발음하였다. 부모는 아이에게 다시 한 번 바르게 의사를 표현할 기회를 주는 것이다. 아이는 부모가 이해하지 못했다는 신호를 받고 한 번 더 부모를 이해시키고 딸기를 먹기 위해 의사를 표현하려 할 것이다. 부모는 "Can you say that again?"라고 물으면 된다. 비록 아이와 부모 눈앞에 딸기가 있어서 부모가 이미 아이의 오류가 무엇을 의미하는지 파악했을지라도 한두 번쯤은 이렇게 되물어서 아이에게 암시적으로 오류가 있었다는 것을 알려줄 필요가 있다. 부모의 되물음을 눈치 채고 오류를 수정할 가능성이 높다.

3) 이끌어내기(elicitation)

아이가 딸기를 먹고 싶은데 'strawberry'라는 단어가 생각나지 않을 수 있다. 그때 부모가 'strawberry'의 발음의 시작을 보여주는 것이다. 그러면 아이가 단어의 나머지 부분을 완성할 가능성이 있다.

> **예시**
> 🧒 아빠, 그 냉장고에 있는 빨간 것 먹고 싶어. 뭐더라? 생각이 안나.
> 👨 's~[ㅅ]' 혹은 'straw~[ㅅ트로]'
> 🧒 Ah! Strawberry!

위 예시처럼 부모가 's~[ㅅ]' 혹은 'straw~[ㅅ트로]'라고 이야기함으로써 아이에게 스스로 단어를 생각하고 완성할 수 있는 기회를 주는 것이다.

4) 정확하게 고쳐주기(explicit correction)

아이가 'strawvery'라는 오류를 범하였다. 부모는 아이에게 명시적으로 고쳐주고 아이가 오류를 범했다는 것을 인지하게 한다.('strawvery'가 아니고 'strawberry'야. berry라고 할 때 입술을 물면 안 돼. 아빠 한번 따라해 봐.)

이러한 오류 수정은 아이가 명확하게 오류를 범했다는 사실을 인지하는 것으로서 이 때 아이는 수정해서 발음할 확률이 높다. 하지만 모국어가 아닌 외국어를 하는데 부모의 지적이 아이를 심리적으로 위축시킬 수 있다. 이러한 명시적 오류 수정이 반복된다면 아이가 영어를 사용하기 꺼려할 수도 있다. 그래서 명시적 오류 수정은 인지능력이 낮은 유아들에게는 부적절하다. 적어도 6~7세 이상의 아이에게 사용할 필요가 있으며, 6~7세의 어린이에게도 가급적 이 방식을 사용하지 않는 것을 권한다. 영어 자아가 어느 수준 이상으로 확고해지고 난 뒤 명시적 오류 수정기법을 사용하는 것이 좋다.

25 문법 학습

　언어에서 문법은 아주 큰 부분을 차지하고 있으며 언어 사용에 매우 중요한 역할을 한다. 그런데 모국어의 경우 우리는 대부분 암묵적인 문법 지식을 가지고 있다. 암묵적인 문법 지식이란 문법에 맞게 자유자재로 말을 하거나 글을 쓸 수 있으나 명시적으로 문법 규칙을 설명하는 데에 어려움을 겪는 것을 의미한다. 우리나라 사람들은 우리말 조사(은,는,이,가)의 사용을 자유자재로 하지만 조사에 관한 규칙을 말로 설명하라고 한다면 한참 생각을 하거나 어려움을 느낄 때가 많다. 그렇다면 영어에서 문법 학습은 필요한가? 그리고 필요하다면 어떻게 하면 좋을까?

　우리나라에서 태어난 아이들은 어릴 때부터 부모, 가족, 친구, 선생님 등으로부터 우리말을 들으며 암묵적으로 문법체계를 형성해 나간다. 4세 전후가 되면 어느 정도 문법에 맞게 여러 문장을 구사한다. 초등학교에서는 문법 용어를 동반한 문법학습은 거의 하지 않는다. 국어교과서 각 단원의 극히 일부분에 문법을 다루는 활동 및 간단한 설명이 있을 수 있으나 체계적으로 문법학습을 하지 않는다. 중학교에 올라가면 문법의 양이 약간 증가할지 모르나 명시적인 문법학습은 이루어지지 않는다. 고등학교 학생이 되면 정규교육과정에 포함되어 있는 문법이라는 과목을 배우며 우리말 문법을 깊이 있게 다루고 시험도 치르게 된다.

　영어도 모국어(우리말) 문법 습득과정과 유사하게 학습하면 아이가 큰 무리 없이 습득할 수 있다. 단, 우리나라에서 영어를 모국어처럼 사용하지 않는 상황이 주는 특별함 때문에 약간의 차이가 있다. 어릴 때부터 영어를 많이 듣고 사용할 기회가 늘어나면 서서히 암묵적인 영어 문법체계가 아이의 머릿속에 형성될 것이다. 영어 원어민이 아닌 우리가 올바른 문법과 표현을 아이에게 제공해 줄 수 있는 방법이 책을 활용하는 것이다.

　초등학교 저학년 아이는 문법 용어와 규칙을 받아들일 수 있는 인지능력이 부족하기 때문에 문법 설명이 별 효과가 없다. 초등학교 5~6학년이 되면 영어 문법을 얕게 한번쯤 훑어 볼 필요가 있다. 우리나라 중·고등학교 내신시험 및 학교 수업을 생각해 보았을 때 문법 규칙과 용어를 활용해야 하는 경우가 있기 때문이다. 중학교에 자유학기제가 도입되었고 수업에 여러 가지로 변화가 있지만 아직은 문법 문제가 시험에 출제된다. 초등학교 고학년에서 문법을 얕게나마 접하지 않고 중학교에 진학하게 되면 아이가 준비하지 않은 상태로 영어 수업을 맞게 될 수 있기에 약간 준비시켜 주는 것이 좋다. 중학교 및 고등학교 때 문법은 학생의 필요에 따라 정도를 달리하여 습득하면 좋을 것이다.

　정리하자면, 초등학교 고학년이 되기 전까지는 영문법을 언급할 필요가 없다. 아이가 초등학교 고학년(5~6학년)이 될 때 중학교에서 접할 수 있는 영문법의 기초 용어 정도를 미리 한번 정도 접하는 수준으로 하면 좋을 것이다.

언어 습득에는 지름길이 없다.

　언어 습득에는 지름길이 없다. 모국어와 같거나 유사한 방식으로 하는 것이 가장 빠르게 언어를 언어답게 습득하게 한다. 안타깝게도 수능이라는 큰 시험이 고등학교 졸업 무렵에 있다. 아이들은 싫든 좋든 초등학교 고학년부터 입시를 위해 서서히 시동을 걸고 중학교부터는 내신 전쟁터로 뛰어든다. 학년이 올라갈수록 언어 제1의 기능인 의사소통 기능은 부수적인 것으로 밀려나고 단어, 문법, 독해에 더 큰 무게가 실린다. 영어를 습득하는 목표가 중·고등학교 시험을 잘 치고 수능을 성공적으로 치르기 위함은 아니지만, 영어를 언어답게 습득한다면 이러한 시험 준비에도 큰 도움이 된다.

　어린 나이부터 언어로서의 영어가 아니라 문제풀기 위한 영어, 보여주기 위한 영어에 초점을 맞춘다면 아이의 흥미는 지속될 가능성이 낮다. 또한 언어를 습득하기보단 영어문제를 푸는 기술에 익숙해질 것이다. 시중에 수많은 책과 영어 학습 도구, 매체가 있다. 이러한 책들을 비롯하여 다양한 영어 학습 도구들을 보다 현명하게 이용하는 방법을 터득해야 할 것이다. 달콤한 광고 한마디에 현혹되기보다는 영어의 습득 방식을 이해할 필요가 있다. 아이가 우리말을 습득하듯이 영어를 유사한 방식으로 습득하도록 하여 또 다른 언어를 사용할 수 있는 능력을 키워줘야 할 것이다.

엄마·아빠표 영어의 마음가짐

　엄마·아빠표 영어는 부모에게 부담을 준다. 하지만 세상에 공짜는 없다. 부모는 엄마·아빠표 영어를 진행하면서 아이와 친밀도가 높아질 것이다. 아이와 함께 영어를 공부해 가면서 성취감도 느낄 수 있을 것이다. 부모가 아이에게 영어를 노출해줄 때 영어를 가르쳐준다는 느낌보다는 아이와 함께 알아가며 사용한다는 마음가짐이 중요하다. 자칫 너무 많은 계획을 세워 부모가 과도한 부담감으로 지쳐 쉽게 포기하는 일이 생기지 않도록 유의할 필요가 있다.

　엄마·아빠표 영어의 핵심은 지속성이다. 앞서 언급하였듯이, 우리말이든 영어든 언어를 습득하려면 수천시간의 노출과 노력이 필요하다. 시작이 부담스럽지 않도록 처음에는 부모가 감당할 수 있는 양을 설정하는 것이 좋다. 하루에 책 1권, 노래 1곡, 영어 한마디로 시작해 보는 것이 어떨까? 아이도 처음 영어를 접할 때 서서히 영어에 익숙해지는 과정이 필요하다.

　때론 부모가 열심히 영어 노출 방법을 연구하고 노력을 기울여 순조롭게 진행하고 있음에도 주변사람들의 말을 듣거나 지인의 사례 등과 비교하여 확신을 잃어버리는 경우가 있다. 모든 아이는 다르고 모든 가정은 저마다 개성이 있다. 부모는 마음속

깊은 곳에 영어는 모국어(우리말)와 동일한 방식으로 습득된다는 것을 잊지 말고 꾸준하게 밀고 나갈 필요가 있다. 옆집아이와 우리아이의 비교가 중요한 것이 아니라 내 아이가 즐겁게 영어를 접하는 것이 중요하다. 즐겁게 영어를 접하다 보면 예상치 못한 기쁨을 얻게 될 것이다.

토마스 에디슨이 말하기를,
"Many of life's failure are people who did not realize how close they were to success when they gave up." 많은 인생의 실패자들은, 포기했을 때 자신들이 성공에 정말 가까이 있었다는 것을 깨닫지 못한 사람들이다.

이 책을 통하여 필자는 부모님들이 영어에 대해 확신을 가지고 올바른 방향으로 꾸준하게 그리고 즐겁게 엄마·아빠표 영어를 실천해 보기를 진심으로 바랄 뿐이다.

CHAPTER 3

대한민국 상위 0.1% 고교생의 영어 습득법

필자는 다년간 대구 수성구 소재의 고등학교에 근무한 경험이 있다. 이 학교가 속한 학군은 대구의 대치동이라는 말이 나올 정도로 학구열이 대단하며 또한 학생들의 지적능력도 높은 편이다. 그런 이유로 공교육과 사교육 1번지라는 수식어가 붙는 곳이기도 하다. 이 동네의 집값이 타 지역에 비해 고가인 이유 또한 학군이 큰 몫을 차지한다.

필자는 교육열이 높은 이 학교에서 학업 수준이 대한민국 상위 0.1%에 속하는 학생 40명을 대상으로 설문과 인터뷰(2017.3월~2018.12월)를 실시하였다. 이 40명은 고등학교와 대학교 재학생이다. 고등학생 경우 내신과 모의 학력평가 등급을 고려했을 때 유명 의대 및 서울 상위권 대학 진학이 유력한 인재들이고 대학생 중에는 이미 서울대, 연세대, 성균관대 의과대학에 진학한 학생들이 포함되어 있다.

이들은 원어민 수준의 영어를 구사하는 학생 소수를 포함하여 수능 모의평가 1등급, 영어 말하기 대회 상위 수상자, 영어 논술대회 상위권 입상자 등 소위 영어를 잘한다고 일컬어지는 학생들이다. 설문과 인터뷰 결과는 굉장히 흥미로웠다.

이 조사의 목표는, 첫째 "유년기시절 부모로부터 노출된 영어가 청소년과 성인기 영어습득에 얼마만큼의 효과가 있었으며 어떤 영향을 미쳤는가?"를 알기 위함이고, 둘째, 영어 습득 정도 및 영어 능력이 뛰어난 학생들이 얼마나 그리고 어떻게 영어에 노출되었는지를 알아보는 것이다. 마지막 셋째 목표는 각기 다른 가정에서 자란 학생들을 통해 영어 습득 방법 및 영어 노출과 관련한 공통점과 차이점을 찾아본 후 시사점을 생각해보는 것이다.

"대한민국 상위 0.1% 고등학생의 영어습득"

1. 김○○ 영어권 국가 1년(14세) 거주

유아영어	• 4세 이전 영어 영상과 서적 접함 • 5~6세 카세트플레이어로 영어 동화 청취
초등영어	• 3학년 알파벳과 기초 문법, 어휘를 체계적으로 배움
중·고영어	• 학생 대상으로 발간된 영자신문 구독 • 영어 회화 목적 전화 영어 2개월 진행
발음 및 특이사항	• 원어민 발음은 아니나 억양, 강세, 발음이 자연스럽고 유창 • 일상적 주제에 대한 영어토론 가능(특정 주제의 essay 쓰기 가능)

2. 박○○ 영어권 국가 2년(11세~12세) 거주

유아영어	• 영어 태교 • 영어 이야기와 노래를 많이 접함 • 3세경 "It's cold. I want my coat." 정도의 문장 구사 • 영어와 우리말 사이 혼란을 걱정한 부모님이 우리말에 우선 치중함 　(말 배움이 빠른 편이었음)
초등영어	• 회화 위주로 진행되는 학원에 다님(한국 강사)
중·고영어	• 입시위주 학습(어휘, 독해, 문법)
발음	• 원어민 발음은 아니나 억양, 강세, 발음이 자연스럽고 유창

3. 양○○

유아영어	• 6~7세 사촌형과 영어 애니메이션을 재미있게 시청(첫 영어 노출) • 영어 영화를 자막 없이 접함
초등영어	• 1~3학년 영어 동화책을 읽음 • 4학년~중학 2년 원서를 읽고 요약(영어 습득에 큰 영향)
중·고영어	• 중학 3년부터 입시위주 어휘, 독해, 문법 학습 시작
발음	• 원어민 발음은 아니나 억양, 강세, 발음이 자연스럽고 유창

4. 김○○

유아영어	• 2~4세 유아용 영어 영상을 많이 접함 • 한글과 영어를 동시에 익혔으며, 6~7세경에는 영어책을 많이 읽음

초등영어	• 1~3학년 영어책을 많이 읽음(2학년까지 일반 학습지로 학습)
	• 2학년~중학 2년 어머니가 제작한 단어카드로 영어를 즐겼음
	• 4학년부터 YouTube 영어 영상을 스스로 찾아 시청
	  → 어휘 습득 후의 영상시청으로 확실한 어휘/의미 파악을 하게 됨
	    (재미 상승)

중·고영어	• TED를 많이 접함 (특히, 유명인사 기조연설) • 부모님은 환경 제공자 및 조력자 역할
특이사항	• 독서 영향으로 영어 및 국어에 대한 자신감이 매우 높음

5. 모○○

유아영어	• 형이 영어 카세트테이프를 자주 들어 자연스럽게 접함 • 영어 동화책을 많이 읽고 영어 동화를 많이 들음(취침 전 포함) • 집 화장실과 벽면에 메모지 부착 후 영어를 써보기 시작
초등영어	• 3~6학년 팝송을 많이 들음(좋아했음) • 영어 동화책을 꾸준히 읽었으며, 학원에서 말하기 연습을 시작
중·고영어	• 영어 드라마를 접함
발음 및 특이사항	• 원어민 발음과 흡사 • 유년기 시절 즐거웠던 영어경험이 동기부여로 작용 • 독서를 많이 함

6. 이○○

유아영어	• 영어 유치원을 다니며, 영어 연극수업에 적극적으로 참여 • 6~7세에 부모님과 함께 영어를 들으며 책을 본 기억 있음(노출환경 조성) 　→ 부모님은 영어에 능통하지 않으심
초중고영어	• 학습지와 CD로 회화와 생활영어를 접함 • 초등 6학년~중학 2년 시절 원어민과 이야기하는 학원에 다니며 자신감이 상승함
중·고영어	• TOEFL(토플) 테스트에서 100점(120점 만점)을 받았으나, speaking에서는 어려움을 느낌
발음 및 특이사항	• 원어민 발음은 아니나 억양, 강세, 발음이 자연스럽고 유창 • 초·중학 시절 독서를 통해 영어 실력 상승

7. 조○○

유아영어	• 5~7세 영어 동화책(그림책 포함)을 많이 접함 • 영어 유치원에서 단어를 학습(간단한 생활표현 사용)
초등영어	• 수업시간은 물론 쉬는 시간에도 영어만을 사용하는 학원에 다님 • 한국인과 원어민 강사와 회화수업 진행(영어 말하기 발표회 참여)
중·고영어	• 영어를 잘하게 되니 재미가 있고, 성적이 향상되어 자신감이 생겨남 • 입시위주 학습(어휘, 독해, 문법)
발음 및 특이사항	• 원어민 발음과 흡사 • 유년기 시절 즐거웠던 영어경험이 동기부여로 작용 • 영어책 많이 읽음

8. 박○○

유아영어	• 만 3세 영어와 한글 책을 동시에 접함 • 실외 놀이보다 책 읽기를 즐김 • 부모가 책을 강요하진 않았으나, 굉장히 많은 책을 선물해 줌 • 5세 미군부대 방문기회가 있어 미국인 친구를 사귀게 됨 → 자연스러운 영어회화로 영어와 친해지는 계기가 됨
초등영어	• phonics 시작과 발음기호 읽는 법을 배움
중·고영어	• 부모님이 발음의 중요성을 강조하였으나, 어학연수는 반대함 • 중학교부터 문법과 시험으로 인해 영어를 싫어하여, 통 암기 후 내신 시험 진행
발음	• 원어민 발음은 아니나 억양, 강세, 발음이 자연스럽고 유창

9. 조○○

유아영어	• 어린이집에서 영어를 접한 것으로 기억 • 6~7세 영어 영상 및 영화를 재미있게 시청
초등영어	• 영어 학습지 구독 • 원어민 학원에서 듣기, 말하기, 읽기, 쓰기를 접함
중·고영어	• 입시위주 학습(어휘, 독해, 문법)
발음	• 원어민 발음은 아니나 억양, 강세, 발음이 자연스럽고 유창

10. 박○○

유아영어	• 1~2세 부모님이 베개에 알파벳을 부착해 놓음 • 4~6세 디즈니 영어 영상을 즐겨 시청(일반 프로그램 미 시청) • 6~11세 원어민과 말하기, 쓰기 연습 • 부모님이 적극적으로 노출 환경 조성
초등영어	• 6~11세 원어민과 말하기, 쓰기 연습을 하였고 초등학교 고학년 시절에는 쓰기 비중을 높임(5~6학년 문법 기초를 다짐)
중·고영어	• 영어를 소홀히 하여 감각이 많이 떨어짐
발음 및 특이사항	• 원어민 발음은 아니나 억양, 강세, 발음이 자연스럽고 유창 • 중학교 시기의 영어 소홀로 인해 어릴 적 습득한 감각이 다소 저하된 경우

11. 최○○

유아영어	• 4세 어린이집에서 영어 동요를 들음
초등영어	• 3학년 때 학교에서 영어를 접함 • 영어캠프 참여 및 원어민과 회화 수업 진행
중·고영어	• 입시위주 학습(어휘, 독해, 문법)
발음 및 특이사항	• 원어민 발음은 아니나 억양, 강세, 발음이 자연스럽고 유창 • 유년기 영어 노출 적음 • 우리나라 입시 영어에 최적화 됨(말하기, 쓰기에 부담 느낌)

12. 이○○ 영어권 국가 1년(8세) 거주

유아영어	• 5~7세 어머님께서 영어 동요를 들려줌 • 7~8세 외국에서 영어를 접함
초등영어	• 특별히 영어를 하지 않음
중·고영어	• 입시위주 학습(어휘, 독해, 문법)
발음 및 특이사항	• 원어민 발음은 아니나 억양, 강세, 발음이 자연스럽고 유창 • 유년기시절 영어를 접하였으나, 그 후 영어를 접하지 않아 감각을 잃음(영어는 지속적인 노출이 중요)

13. 임○○

유아영어	• 5세 CD와 VCR을 이용 유아용 영어 영상을 시청 • 6~7세 영어 유치원에서 말하기와 문법을 접함
초등영어	• 원어민과 이야기를 자주함
중·고영어	• 입시위주 학습(어휘, 독해, 문법) 이었고, 문법을 체계적으로 공부함
발음 및 특이사항	• 원어민 발음은 아니나 억양, 강세, 발음이 자연스럽고 유창

14. 서○○

유아영어	• 영어 서적을 접하고 디즈니 영화를 즐겨 봄 • 7세~초등 5학년 원어민과 회화 진행
초등영어	• 6년~중학 2년까지 원어민에게 essay, 독해, 문법을 학습
중·고영어	• 입시위주 학습(어휘, 독해, 문법)
발음 및 특이사항	• 원어민 발음은 아니나 억양, 강세, 발음이 자연스럽고 유창

15. 이○○

유아영어	• 영어를 접하지 않음
초등영어	• phonics, 단어 외우기, 듣기 • 4학년 컴퓨터를 이용한 영어 단어, 문법 학습 • 5학년 원어민과 회화, essay 쓰기 및 주니어 TEPS 시작
중·고영어	• 입시위주 학습(어휘, 독해, 문법)
발음 및 특이사항	• 원어민 발음은 아니나 억양, 강세, 발음이 자연스럽고 유창 • 유년기 및 초등학교 저학년 시절 영어 노출의 부재로 말하기와 쓰기에 부담을 느낌

16. 이○○

유아영어	• 한국인 강사와 영어 회화한 기억 있음
초등영어	• 미국 여행 중 식료품 가게에 들러 아이가 좋아하는 것을 구입하게 함(영어를 사용해 보자는 부모님의 취지) • 3~4학년 주 1권의 영어책을 읽음 • phonics, 영어 끝말잇기, crossword puzzle을 함 • 모든 수업이 영어로 진행되는 학원을 다니고 TOEFL(토플) 공부 시작 • essay를 쓰고 영어 dictation 받아쓰기 진행(원어민과 회화 진행)
중·고영어	• 원어민과 회화 및 수업(학원에서의 많은 단어 암기로 거부감 발생) • 입시위주 학습(어휘, 독해, 문법)
발음 및 특이사항	• 원어민 발음은 아니나 억양, 강세, 발음이 자연스럽고 유창 • 유년기부터 진행한 말하기와 쓰기가 많은 도움이 되었음

17. 김○○

유아영어	• 누나의 영어 학습 모습을 보고 함께 영어를 들음
초등영어	• 3학년 방과 후 수업에서 phonics 및 어휘를 학습 • 5학년 영어 학원을 다님
중·고영어	• 입시위주 학습(어휘, 독해, 문법)
발음 및 특이사항	• 원어민 발음은 아니나 억양, 강세, 발음이 자연스럽고 유창 • 읽기, 쓰기, 말하기, 듣기가 유창하나 본인 스스로 느끼는 영어 자존감은 다소 낮음 (입시를 준비하는 과정에서 읽기 비중을 높인 결과로 보임) • 실제 영어능력은 L·S·R·W 모든 영역에서 탁월함

18. 양○○ 영어권 국가 1년(7세) 거주

유아영어	• 아버지가 영어 동화를 많이 들려줌 (영어책을 많이 읽어야 한다는 교육관)
초등영어	• 영어 위인전, 동화, 일반상식 등 서적을 많이 접함 • 저학년 때 미국 드라마 시청하였고, 2~5학년에는 영어 도서관 이용(매일) • 스포츠와 사람에 대한 높은 관심으로 영자 잡지(축구)와 신문을 구독 • 스마트 기기의 언어를 영어로 설정(사용)
중·고영어	• 방학이면 영어 도서관에서 생활, 주 1회 essay 쓰기, 영어책 다독, TOEFL(토플) 고득점
발음 및 특이사항	• 원어민 발음은 아니나 억양, 강세, 발음이 자연스럽고 유창 • 아버지의 독서 중심 교육철학이 많은 도움이 되었음

19. 최○○ 국제학교 1년(10세) 재학

유아영어	• 어머님의 영향으로 1세에 한글을 접하고 2세에 영어를 접함 • 집안 곳곳에 영어 포스터가 부착, 영어로 꾸며진 아이의 방에서 생활 • 영어 동요를 즐겨 듣고, 4~7세에는 홀로 영어 동화책 읽음 • 부모님이 적극적으로 영어 노출 환경을 조성함
초등영어	• 1~2학년 원어민과 회화(영어 책 읽고 토론) 및 essay 쓰기 • 국제학교 시절 원어민 교사의 guide를 통해 문법 체계 확립
중·고영어	• 원어민과 꾸준히 관계를 유지하며 많은 이야기를 나눔
발음 및 특이사항	• 원어민 발음 • 유년기 영어의 조기 노출(서적, 노래 등) • 국제학교 재학시절 영어수준 월등히 증가, 현재도 많이 노력 중

20. 신○○

유아영어	• 5~7세 부모님과 영어 카세트테이프를 들었으나 이해하지 못함 • 영어 유치원을 다녔으나 흥미가 없었음(반감 발생) • 영어 책·영상·노래를 접하였으나, 영어 유치원의 부정적인 영향을 받음
초등영어	• 영어를 거의 학습하지 않음
중·고영어	• 입시위주 학습(어휘, 독해, 문법)
발음 및 특이사항	• 원어민 발음은 아니나 억양, 강세, 발음이 자연스럽고 유창 • 독해 경우 중학교 이후 많은 학습으로 자신감이 있는 반면 말하기, 듣기, 쓰기에는 부담을 가지고 있음

21. 김○○ 영어권 국가 6개월(13세) 거주

유아영어	• 6~7세 원어민이 근무하는 학원에서 영어를 접함(회화 중심) • 영어로 진행되는 할로윈, 크리스마스 행사에 참여 • 영어 노래를 듣고 따라 부름
초등영어	• 외국 뉴스 시청 후 요약, 주 1회 영어 서적 독서 후 토론 • 원어민과 회화 진행
중·고영어	• 입시위주 학습(어휘, 독해, 문법)
발음 및 특이사항	• 원어민 발음은 아니나 억양, 강세, 발음이 자연스럽고 유창

22. 권○○

유아영어	• 4~5세 영어 서적을 읽고, 디즈니 영화를 즐겨 시청 • 영어 유치원에서 학습
초등영어	• 교과서로 미국 동화책이 사용되었으며, 시험문제 또한 동화책에서 출제(모든 활동이 미국 동화책 기반) • 6년간의 재학시절 동안 영어 서적을 읽고 토론했던 많은 기억들이 고등학생이 된 현재 재미있는 기억으로 남아 있음 　→ 영어책 다독과 독후 활동이 영어에 대한 자신감으로 발전
중·고영어	• 입시위주 학습(어휘, 독해, 문법)
발음 및 특이사항	• 원어민 발음은 아니나 억양, 강세, 발음이 자연스럽고 유창

23. 최○○ 영어권 국가 1년(16세) 거주

유아영어	• 부 : 자율성 존중(아이 주도), 모 : 가이드 형(부모의 개입 필요 시 가이드) • 영자신문을 보시던 아버지가 신기해 보임 • 차량 이동 시 팝송을 자주 접함, 영어 노래 CD를 선물 받음 • 6~7세 유치원에서 영어 동화를 들음, 영어 서적을 많이 읽음
초등영어	• 6세~ 초등 3학년까지 영어 서적을 읽고 영어 노래를 들음 • 5학년 휴대폰 언어를 영어로 설정(사용) • 초등~중학 1년 영어만 사용하는 학원에 다님(영어책, 문법, 놀이 등)
중·고영어	• 토플 공부를 시작하여 고득점 획득, 원어민과 말하기 쓰기 연습 • 미국 공립중학교 3학년 입학 후 1년 재학(어휘력 월등히 증가)
발음 및 특이사항	• 원어민 발음 • 유년기~현재까지 꾸준히 학습 중

24. 배○○ 국제학교 2년 6개월 재학

유아영어	• 집에서는 물론 차량 이동 중에도 영어 동화 청취 • 영어 유치원에서 영어를 접할 당시(영상) 우리말과 비슷한 또 다른 의사소통 수단으로 받아들임 • 영어 유치원에서 진행된 영어 연극 및 다양한 활동이 좋았음 → 영어를 통한 다양한 학습이 유년기 시절의 좋은 기억으로 남아있음
초등영어	• 국제학교 재학시절 전 과목 영어 교재, 선생님 또한 원어민으로 구성 (우리말 사용 시 영어 반성문 작성) • 초등~중학 3년까지 영어 뉴스 시청
중·고영어	• 문법을 체계적으로 학습
발음 및 특이사항	• 원어민 발음은 아니나 억양, 강세, 발음이 자연스럽고 유창 • 영어권 국가에서 접하는 영어를 지속적으로 접함

25. 장○○ 비영어권 국가 8년(1~9세) 거주

유아영어	• 0~9세 스페인어를 사용하는 국가에서 거주 • 외국생활로 가정에서는 우리말만 사용
초등영어	• 스페인어 사용 국가에서 8~9세 2년간 영어권 교사에게 교육 받음
중·고영어	• 중학 2년 원어민과 쓰기, 말하기 수업(사용)
발음 및 특이사항	• 원어민 발음은 아니나 억양, 강세, 발음이 자연스럽고 유창 • 스페인어 사용국가에서 거주 중 가정에서 우리말 노출 환경이 조성되었기에 우리말을 습득함 → 우리나라에서 영어 노출 환경 조성의 중요성을 유추해 볼 수 있음

26. 장○○

유아영어	• 부모님이 영어 서적을 읽어 줌 • 6~8세 미국 교과서를 읽고, 음성 파일 청취
초등영어	• 3~4학년 영어 만화영화 시청 • 원어민과 듣기, 말하기, 읽기, 쓰기 집중 연습(영어 서적 독후 활동)
중·고영어	• TEPS 공부와 함께 입시위주 학습(어휘, 독해, 문법)
발음 및 특이사항	• 원어민 발음은 아니나 억양, 강세, 발음이 자연스럽고 유창

27. 이○○

유아영어	• 5~6세 차량 이동 시 영어 라디오 청취 • 6~7세 영어 동요에 노출, 영어 유치원에 대한 좋은 기억 있음
초등영어	• 영어권 국가에서 사용하는 어린이용 영어 영상 시청 후 내용을 적음 • 집안 곳곳에 영어 동사 3단 변화 부착 • 고학년 시절 팝송을 듣고 가사를 적음 • 3~6학년 정규수업을 들었으나, 팝송 외 영어를 접하지 않음 　(학생이 가장 아쉬워하는 부분)
중·고영어	• 아버지가 단어를 중시함, 입시위주 학습(어휘, 독해, 문법)
발음 및 특이사항	• 원어민 발음은 아니나 억양, 강세, 발음이 자연스럽고 유창

28. 구○○ 영어권 국가 1년(12세) 거주

유아영어	• 아버지가 팝송을 즐겨(노출) 아이가 처음 듣는 팝송도 익숙하게 들림 • 영어 유치원에서 원어민과 대화함(완전히 이해하는 대화는 아님)
초등영어	• 단어를 습득하고, 카세트플레이어로 영어 대화를 들음 • 5학년 시절 1년간 미국 거주(학교 재학)
중·고영어	• TOEFL(토플) 공부와 함께 입시위주 학습(어휘, 독해, 문법)
발음 및 특이사항	• 원어민 발음은 아니나 억양, 강세, 발음이 자연스럽고 유창

29. 안○○

유아영어	• 6세 이전 영어를 접했지만 정확한 기억 없음 • 7세 영어 유치원에 한글과 영어를 함께 접함(영어가 어렵다고 생각함)
초등영어	• 6년 동안 영어 서적, 신문을 읽고 영어로 토론 → 예시를 통해 문법을 접한 후 배운 문법을 사용한 말하기, 쓰기
중·고영어	• 하교 후 10분간 원어민과 대화 • TOEFL(토플) 영어를 쓰고 첨삭지도 받음 • 고교 2년 시절에는 팝송을 즐겨 들음
발음 및 특이사항	• 원어민 발음은 아니나 억양, 강세, 발음이 자연스럽고 유창 • 초·중학교 시절 영어 서적을 읽고 쓴 것이 도움 되었음

30. 김○○ 영어권 국가 3년 6개월(8~11세) 거주

유아영어	• 5세 영어 어린이 시트콤을 우연히 접한 후 흥미를 느껴 많이 시청함 • 5세 원어민과 회화를 하였으며, 알파벳을 익히고 phonics를 함
초등영어	• 1학년 미국 도착 후 의사소통에 어려움 겪음 • 글이 많지 않은 영어 창작동화 전문을 외움 • 귀국 후 영어 독서를 계속함 • 미국 뉴스 청취
중·고영어	• 문법 용어는 학교에서 배운 것을 바탕으로 이해하였고 받아들이는 데에는 영어 감각을 사용
발음 및 특이사항	• 원어민 발음은 아니나 억양, 강세, 발음이 자연스럽고 유창 • 미국 거주 경험이 많은 도움이 되었으며, 그 후 영어 능력 유지 및 발전 위해 노력함

31. 안○○

유아영어	• 아주 어릴 적 영어 노래를 들었던 기억이 있음 • 6~7세 누나가 보던 영어 만화(영상)를 함께 시청 (영어 자막이 있는 영화 시청) • 영어 만화책 읽음
초등영어	• 4~6학년 어린이 영어 서적을 읽었으며, 원어민과 회화를 하였음 • 즐거움을 위해 원서 소설을 읽었으며 모르는 단어 발견 시 사전을 찾아 의미를 파악함(중요도에 따라 지나치는 경우도 있음) • 본인이 생각하는 주제의 essay 쓰기와 함께 팝송 청취 시작
중·고영어	• 사교육 없이 영어 드라마를 시청하며 영어 원서를 다독함 (특히, 난이도가 높은 원서를 꾸준히 읽음)
발음 및 특이사항	• 원어민 발음은 아니나 억양, 강세, 발음이 자연스럽고 유창 • 스스로 영어에 흥미가 생겨 서적, 영상, 노래를 찾고 즐긴 것들이 내적 동기가 됨

32. 김○○

유아영어	• 7세 유치원에서 영어수업을 통해 영어를 처음 접함
초등영어	• 1~3학년 원어민과 글을 읽으며 단어를 외우고 퀴즈풀이를 진행함 • 4~6학년 쉬운 영어 서적부터 읽기 시작, 원어민과 회화 진행 • 영어에 재미를 느껴 영어로 하는 모든 활동에 열심히 참여함 (특히, 영어 영화를 즐겨 시청)
중·고영어	• 미국 뉴스 청취, 입시위주 학습(어휘, 독해, 문법)
발음 및 특이사항	• 우리나라에서 습득한 발음

33. 김○○

유아영어	• 5~6세 알파벳 익힘, 7세 영어 유치원에서 영어 서적 읽음 　→ 내용 이해를 위한 퀴즈 풀이 진행 • 유년기 높은 경쟁심으로 영어 서적을 많이 접하였으며, • 서적에 대한 전체적인 느낌보다 단어 하나의 의미파악에 중점을 두었음 　(어머니가 영어사전을 선물해 주어 단어를 찾음) • 7세 어머니가 영어책을 읽어주고 문법 설명도 해 주심
초등영어	• 2학년에는 영어 서적을 읽고 원어민과 대화를 나눔 • 영어 essay와 동화쓰기를 하였으며 영어를 사용하는 학원에 다님 • 5~6학년 문법을 공식처럼 외움
중·고영어	• 영어 essay 쓰기, 원어민과 회화
발음 및 특이사항	• 원어민 발음은 아니나 억양, 강세, 발음이 자연스럽고 유창

34. 배○○

유아영어	• 부모님 지인이 미군부대 근무로 약 2년 동안 주 1~2회 원어민과 대화 • 영어책 읽기, 놀이 하는 시간을 가짐 • 처음에는 'Bravo, Okay' 등의 추임새로 대화를 시작했다고 전해 들음
초등영어	• 1~3학년 영어만 사용하는 사설기관에 다니며 영어 애니메이션을 시청 　(자막 없이 영상과 소리를 매치시키려 노력함) • 4~6학년 영어로 소통 가능한 실력이 되어 영어 영화를 보기 시작 • phonics를 시작하고 영어 서적을 읽음
중·고영어	• 중학 1년~고교 2년까지 팝송을 즐겨 청취, 입시위주 학습(어휘, 독해, 문법)
발음 및 특이사항	• 원어민 발음은 아니나 억양, 강세, 발음이 자연스럽고 유창

35. 정○○

유아영어	• 3~4세 어머니가 영어 서적을 꾸준히 읽어줌 • 5~7세 영어 만화영화를 좋아해 즐겨봄 • 영어 동요 들음
초등영어	• 1~3학년 원어민과 함께 회화, 놀이, 자전거, 보드게임 등 다양한 활동을 진행 • 5학년 영어 서적을 읽고 문제와 퀴즈를 풀어봄 • 6학년부터 입시를 위한 어휘, 독해, 문법 학습을 시작
중·고영어	• 중학 1년 TEPS를 공부함(2개월), 입시위수 학습(어휘, 독해, 문법)
발음 및 특이사항	• 원어민 발음은 아니나 억양, 강세, 발음이 자연스럽고 유창 • 부모님은 학습에 필요한 모든 환경을 조성해 주되 아이의 흥미, 의견, 컨디션을 존중하여 스스로 학습을 선택하게 함

36. 윤○○ 싱가포르 4년(유년기) 거주

유아영어	• 5세 싱가포르 거주 시 영어 유치원과 국제학교 재학
초등영어	• 귀국 후 원어민과 듣기, 말하기, 일기, 쓰기를 종합적으로 학습 • essay 쓰기를 시작
중·고영어	• 중학 1년 TOEFL(토플) 시작, 중학 3년 무렵 만점 수준에 도달 (TEPS, TOEIC 병행)
발음 및 특이사항	• 원어민 수준

37. 박○○

유아영어	• 5~7세 취침 전 어머니가 영어 동화를 들려줌
초등영어	• 3~6학년 영어로만 대화하는 학원을 다님
중·고영어	• 입시위주 학습(어휘, 독해, 문법)
발음 및 특이사항	• 원어민 발음은 아니나 억양, 강세, 발음이 자연스럽고 유창

38. 김○○

유아영어	• 흥미를 느끼는 소재의 영상을 본 후 영어로 간단히 이야기함 • 7~8세 phonics를 시작
초등영어	• 2~3학년 영어 영화 시청 후 영화 속 인물의 대사를 따라함(역할놀이) • 2~3학년 영어로만 대화하는 학원에 다녔으며, 수업시간 모르는 내용이 있을 시 굉장히 부끄러웠음(영어를 생존으로 생각, 스트레스 받음) • 3~4학년 영어권 국가에서 사용하는 초등학교 교과서를 읽음 • 5~6학년 영어권 국가의 교과서를 읽고, 쓰기 연습을 함 (연령에 비해 고난이도)
중·고영어	• 중학 2년까지 영어권 국가의 다양한 교과서를 읽고, 쓰기 연습을 함 • 입시위주 학습(어휘, 독해, 문법)
발음 및 특이사항	• 원어민 발음은 아니나 억양, 강세, 발음이 자연스럽고 유창

39. 김○○

유아영어	• 한글보다 알파벳을 먼저 접함(우리말보다 영어를 선 습득) • 영어는 인위적으로 학습하면 안 된다는 부모의 철학 하에 2~7세 까지 다양한 방법으로 영어를 접함(의사소통 수단으로 즐겁게 습득해야 함) • 영어를 항상 즐겁게 접해서 재미있게 습득함
초등영어	• 1~3학년 어린이 영어 뉴스 접함 • 영어 서적, 과학 동영상, 영화 시청 후 원어민과 토론 또는 내용 추론 • 4~6학년 문법과 독해를 시작
중·고영어	• TOEFL(토플) 시작과 함께 다양한 주제의 글을 읽고 문법을 습득 • 영어 듣기를 통해 영어권 국가들의 다양한 발음을 익히고 따라함
발음 및 특이사항	• 원어민 발음(영어의 유창성과 발음이 마치 영어권 국가에서 살다온 느낌을 줌) • 유년기 시절부터 적극적으로 영어를 접함(환경의 중요성) • 외국 생활 경험이 전무 하여도 원어민 수준의 발음과 구사력 가능

40. 김○○

유아영어	• 3~7세 영어책(보드북) 읽기, 차량 이동 시 영어 동요 청취, 단어(알파벳) 카드를 이용한 학습 등 영어 노출 환경을 만들어 줌 • 앞(그림), 뒤(영단어)가 있는 카드를 이용. 가족 모두가 퀴즈를 품 → 정답자에 한해 사탕 및 간식 지급 • 일반 유치원에서 하루 1시간 영어수업 진행 • 주 1회 원어민 방문하여 동화 및 phonics 진행 • 어머니가 보드북으로 시작 → 난이도를 높여가며 서적을 읽어 줌 • 라디오 및 영어 회화 프로그램 즐겨 청취
초등영어	• 3~6학년 방과 후 수업 중 영어 습득 → 주 3회 원어민 강사와 팝송, 노래가사 쓰기, 문법, 독해 수업
중·고영어	• 중학 2년부터 입시위주 문법, 독해, 읽기 학습 시작
발음 및 특이사항	• 원어민 발음은 아니나 억양, 강세, 발음이 자연스럽고 유창 • 유년기부터 다양한 자료를 활용해 부모님과 영어를 공부함

(*학생 개인정보를 보호하기 위하여 가명을 사용하였으며 학교 및 기관명은 생략했음.)

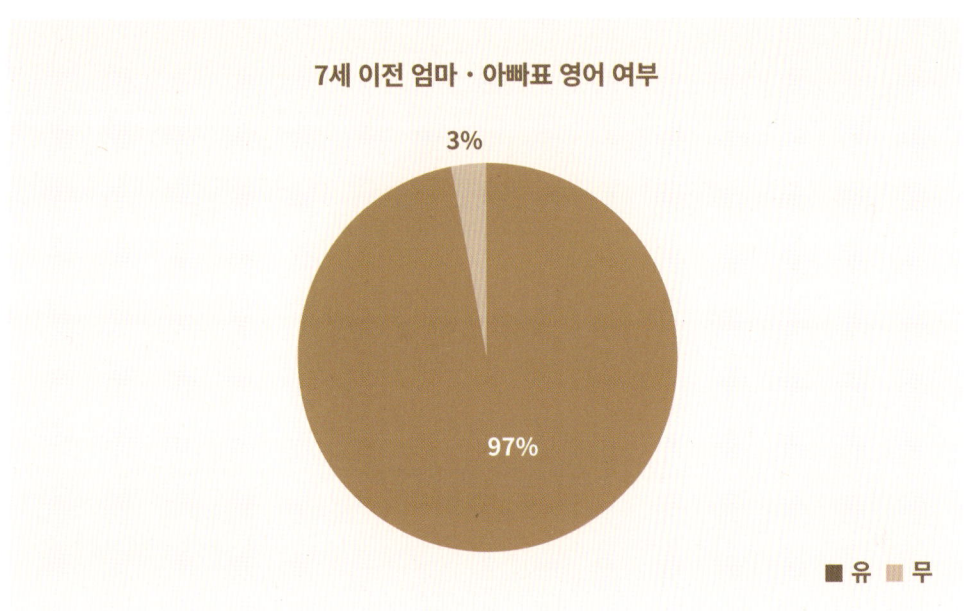

1. 취학 전(0~7세) 영어 노출 환경을 조성한 부모는 40명 중 39명이다.

인터뷰 설문에 참여한 학생들의 출생년도가 2000년 전후임을 감안할 때 엄마·아빠표 영어는 현재의 일시적인 유행이 아님을 알 수 있다. 최상위권 학생의 부모들은 그 답을 미리 알고 있었다. 언어습득은 일상에서 책, 영상, 노래, 의사소통을 통해 일어난다는 것을 인지하고 아이가 스스로 언어습득을 할 수 있도록 환경을 조성해 주었다. 아이가 어린 나이에 영어를 접할 수 있게 환경을 마련해 주는 것은 선행학습과는 개념이 사뭇 다르다. 영어를 습득할 수 있는 환경을 조성하는 것이 부모의 역할이다. 학교 교육과정을 미리 배우는 것이 아니라 또 다른 언어를 습득할 수 있는 기회를 모국어 습득 환경과 동일하거나 유사한 방식으로 제공하였다.

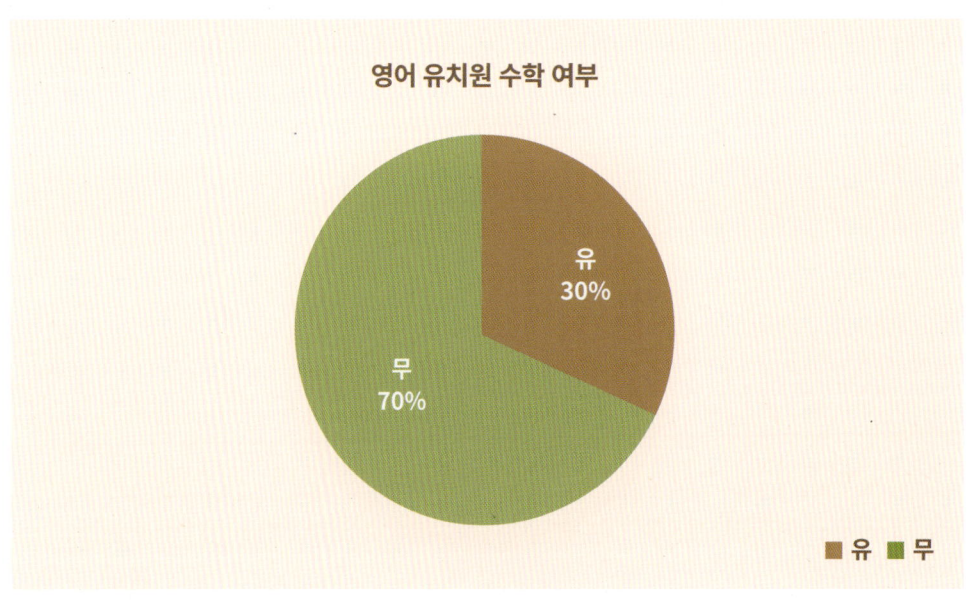

2. 영어 유치원을 선택한 부모는 40명 중 12명이다.

소위 영어유치원이라고 알려진 영어 어학원(이하 영어유치원)을 선택한 부모는 과반수가 되지 않는다. 영어유치원이 영어를 잘하려면 필수적으로 거쳐야 되는 과정처럼 인식되지만 40명 중 30%만이 이 방법을 선택하였다.

필자가 근무한 수성구 소재 고등학교의 성적 최상위권 학생의 학부모 직업을 정확히 알 수는 없으나 상당수가 전문직에 종사자들로 짐작되며, 경제적인 여건 때문에 영어유치원을 선택하지 않았다고 해석하긴 어려워 보인다. 영어유치원의 미 선택은 부모들의 결정이었을 확률이 높으며, 조사와 같이 70%의 학생들이 유년기 시절 영어에 흥미를 갖게 된 데에는 영어유치원이 아닌 다른 상황이 존재했음을 알 수 있다.

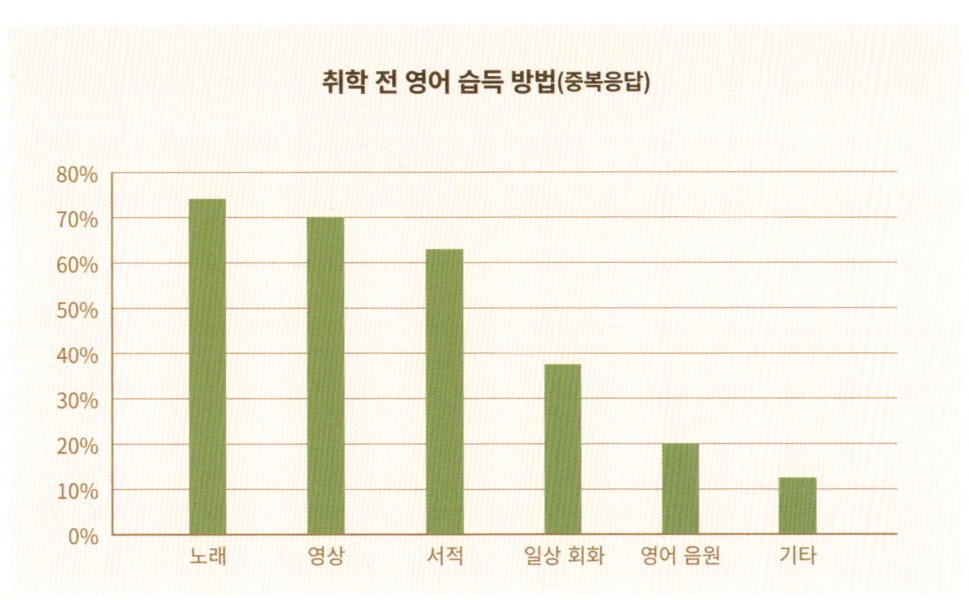

3. 취학 전 영어습득 방법

    0~7세까지 영어 습득 방법을 보면 서적, 영상, 노래를 통하여 영어를 접했다는 것을 알 수 있다. 이는 75%의 학생이 활용한 방법으로 영어 습득과 높은 상관관계가 있다고 판단된다. 조사결과 다수의 부모들은 영어 구사력이 높지 않음에도 영어책을 읽어주거나 영어로 직접 소통을 하면서 적극적인 영어 노출 환경을 조성했다. 특히 원어민과 유사한 수준으로 영어를 구사하는 학생 대부분은 많은 영어 서적을 접했다고 인터뷰 하였다. 영어 노래와 영상 시청은 저노력 고효율 방법으로 지금도 부모들이 많이 선택한다. 영어 책 읽기는 노래와 영상에 비해 더 많은 노력을 필요로 하지만 과거와 현재 모두 효과가 좋은 영어 습득법으로 부모들이 선택했다.

4. 초등학교 영어 습득 및 학습 방법

초등학교 입학 후 영어습득에 있어 가장 큰 영향을 미친 것은, 유년기 시절 영어 습득의 중심역할을 한 것과 동일한 '책'이었다는 것을 알 수 있다. 리더스 북 및 원서를 활용하여 쉬운 단계부터 서서히 영어를 접했으며, 독서습관이 형성된 학생들은 독서의 즐거움을 알고 꾸준하게 책을 접했다고 응답했다. 이 시기 부모의 역할은 아이가 좋아하는 책을 많이 구입해 주고, 아이와 함께 책에 관한 이야기를 많이 나누었다는 것이다. 부모는 아이가 초등학교 입학 전보다 영어습득에 적극적으로 관여를 하지 않았지만, 책과 영상 등의 자료를 알아보는 등 물리적 환경 조성에 많은 노력을 기울였다는 것을 알 수 있다.

초등학교에 진학하게 되면 학습 측면에서 부모의 직접적인 영향으로부터 조금씩 벗어나게 된다. 여기서 재미있는 것은 필자가 조사한 40명의 학생들 중 대다수가 초등학교 시절에 독서를 포함하여 여러 가지 방법으로 영어를 접했던 것이 현재의 영어실력(고등학교 2~3학년의 영어실력) 형성에 지대한 영향을 미쳤다는 것이다. 또한 영어실력의 밑거름이 된 방법은 영어 책 읽기라고 응답하였다.

위 표에서 나타났듯이, 0세~초등 저학년까지의 영어 습득 방식으로 책, 영상, 노래, 일상대화가 주를 이루었다. 이 방식을 통해 학생들은 영어를 학습한 것이 아니라 습득했음을 알 수 있다. 40명 중 97.5% 학생이 유년기 시절의 영어가 즐거웠다고 인터뷰한 것에서 쉽게 유추할 수 있다. 또한 대다수의 학생들이 어릴 때 영어를 자연스럽게 접했고 초등학교 시절 꾸준하게 한 것이 도움이 되었다고 답했다.

학생들이 7세 이전의 영어 습득에 관하여 완전히 기억하진 못했지만 다량의 영어를 듣고 보고 느낀 시기가 이 기간이었고 7세 이전의 영어 노출이 초등학교부터의 영어습득에 기반이 되었다고 한다. 어릴 때 영어에 흥미를 느끼고 영어를 습득하기 시작한 학생들은 학창시절 스스로 영어로 된 영상(TED, 뉴스, 영화, YouTube)을 찾아보거나 원서의 난이도를 높여가며 독서를 하였다. 또한 학창시절 노래(팝송)를 통해 스트레스를 해소하고 즐거움을 찾았던 학생들이 팝송을 듣는 과정에서 무의식적으로 영어 능력이 향상된 경우도 있었다.

이 조사를 통해 여러 가지 시사점을 얻을 수 있지만, 가장 중요한 시사점은 부모가 아이에게 영어 습득 환경을 만들어주고 아이가 영어를 자연스럽게 접하고 즐길 수 있게 해 주었다는 점이다. 이러한 영어 습득환경이 아이가 즐겁게 영어를 습득할 수 있게 하였으며 그 중심에는 부모의 역할이 컸다는 것을 알 수 있다.

가정에서 책을 읽어주고 영상을 보여주며 영어노래를 듣게 하는 것이 엄마·아빠표 영어를 하는데 불안함을 갖게 하고 영어 습득을 더디게 하는 것처럼 생각되기도 한다. 하지만 아이가 즐겁게 영어를 접할 수 있는 가장 확실하고 빠른 방법이 무엇인가에 대해 이 조사가 경험적으로 증명하고 있다. 표에 나열되어 있는 방법을 모두 따라 할 수는 없지만 각 가정의 상황에 맞게 영어 습득방법을 선택하여 꾸준하게 엄마·아빠표 영어를 한다면 아이가 성공적으로 영어를 습득할 수 있을 것이다.

에필로그

엄마·아빠표 영어에서 부모가 중심을 잡고
영어 노출환경을 조성해주는 것이 핵심이다.

    엄마·아빠표 영어에 관한 정보의 홍수 속에서 부모가 흔들리지 않고 중심을 잡는 것이 중요하다. 영어는 이 책에 언급한 대로 영어의 input에 의해 습득이 된다. 가정마다 그 input을 주는 방법은 다르다. 이 책은 이런 다양한 정보 속에서 중심을 잡을 수 있도록 도와줄 것이다. 우리는 부모로서 아이에게 맞는, 우리 아이가 좋아하는 영어 노출 방법을 찾아 그 환경을 조성해주는 것이 가장 큰 역할이라고 할 수 있다.

    필자는 딸이 22개월이었을 때부터 영어로만 의사소통하고 있다. 일상 대화, 훈육, 독서 등 모든 것을 영어로 하고 있으며 딸도 자연스레 영어를 접하고 있다. 영어 교사로서, 영어를 어릴 때부터 습득한 사람으로서, 그리고 한 아이의 아빠로서 영어 이론을 바탕으로 직접 아빠표 영어를 실천하고 있다. 그 과정에서 '누구나' 할 수 있는 엄마·아빠표 영어를 꿈꾸게 되었다. 영어에 대해 고민하고 걱정하고 있는 부모님들이 이 책을 읽고 고민이 해결되는 '사이다' 같은 엄마·아빠표 영어 지침서가 되기를 바란다.

    이 책이 나오기까지 많은 부모님들에게 영어에 대한 고민과 어려운 점을 들어보았다. 그리고 그 부모들의 이야기를 들으며 '옳은', '맞는' 엄마·아빠표 영어로 갈 수 있도록 방향을 제시하고자 했다. 인스타그램 'hyorin_papa'라는 계정을 통해 앞으로도 독자들과 소통하기를 희망한다.

01 아침에 일어나기

- 🧑 Honey. It's almost nine o'clock. Time to get up (wake up).
- 👧 But I want to sleep more.
- 🧑 Look outside.
  The sun is smiling at you!
  Come on! Let's say
  good morning to the sun.

03-1 밥을 잘 먹지 않을 때

- 🧑 Look at this.
  It's something that you like.
- 🧑 Mommy put your meal in your favorite bowl today.
- 🧑 You don't have to finish everything.
- 🧑 You don't need to eat it if it doesn't taste good.

04 식사 시간

- 🧑 Try this. This cucumber is fresh and crisp.
- 👧 I like it. It's delicious.
- 🧑 How's today's breakfast? Is it yummy?
- 👧 Of course, Mom. You made it.
- 🧑 Thanks for saying that.
- 👧 Have some kimchi and Bulgogi as well.

06 양치질하기

- 👨 Brush your teeth, sweetie.
- 👧 Okay. I am ready.
- 👨 Did you get a cup of tap water?
  Nice and soft. Up and down.
  All around.
  You are doing great.

07 옷 입기

- 🧑 What do you want to wear today?
- 👧 I want to wear this dress.
- 🧑 I like it. It goes well with today's weather, too.
- 👧 Thanks, Mom.
- 🧑 You look adorable.

09 자외선 차단제 바르기

- 🧑 Look outside. It's sunny and hot today.
  Your skin will get tanned in the sun.
  Let's put this sunscreen on.
- 👧 Okay, Mom.
- 🧑 Can you close your eyes?
  Your eyes will hurt if the cream gets into your eyes.
- 👧 I will keep my eyes closed.

11-2 신발 거꾸로 신었을 때

- 🧑 Can you put your shoes on?
- 👧 I put them on.
- 🧑 But you are wearing them the wrong way.
  Can you wear them properly?
  Put your left shoe on the right, and your right shoe on the left.

17 날씨

- 👨 Rin, Daddy likes the breeze.
- 👧 I like it, too.
- 👦 How's the weather today?
- 👧 It's sunny and a little windy.
- 👨 Daddy thinks so, too.
  Did you put sunscreen on?
- 👧 Of course, I did.
  What about you?

19 장 보러 가기

- 👨 Rin, why don't we go grocery shopping?
- 👧 Sure. Let's go.
- 👨 Which supermarket do you want to go to?
- 👧 I want to go to H-Mart.
- 👨 Alright. Hop in.
  Don't forget to buckle your seatbelt.

21-1 노래 및 이야기 재생하기

- 👨 Do you want to listen to music or stories?
- 👧 Stories.
- 👨 Okay, what story do you want?
- 👧 The Hare and the Tortoise, please.
- 👨 Sure. Daddy will play it when the car stops.

25-1 방 정리하기

- 👨 Look how messy the room is.
  Let's clean it up.
  Can you put the blocks back in the box please?
- 👧 Okay. Can you help me?
- 👨 Sure, let's do it together.
  Watch out. If you step on a piece, it's going to hurt.

26 샤워하기

- 👨 Rin, it's time to take a shower.
  Take off your clothes, please.
- 👨 Come to the bathroom, sweetie.
  Daddy is going to shampoo your hair.
- 👨 Make sure you close your eyes.
  Let's rinse your hair.
  Okay, your hair is done.

27 책 읽기

- 🧑 Which book do you want to read today?
  We can read about either a princess or a big bear.
  Or, you can pick one and bring it to Daddy.
- 👧 Sure. I want to read a story about a squirrel.
- 🧑 That sounds good.
  Sit on Daddy's lap and let's read it together.

33 숫자놀이

- 🧑 Rin, do you want to take a quiz?
- 👧 Okay, what is it?
- 🧑 (손가락 5개를 펴며) There are five apples, here.
  If Daddy eats three, how many apples are left?
- 👧 TWO!
- 🧑 That's right! Bump it.

36-2 버릇 고치기

- 👩 What are you doing, Rin?
  You look like you are digging for gold.
  Do you have a stuffy nose?
- 👧 Yup.
- 👩 But it's not good to pick your nose.
  Boogers are dirty.
  Plus you can hurt your nose.
  Can you promise not to pick your nose?

50 격려·칭찬하기

- 🧒 I am making a castle with blocks.
- 🧑 It looks like you are having fun.
  Actually, the castle looks amazing.
- 🧒 Really? Thanks, Dad!
- 🧑 Good work so far.
  You are doing great!
  Tell me if you need any help.

54 화장실 가기

- 👧 I need to pee.
- 🧑 Okay. Go use the toilet.
  Do you need any help?
- 👧 No, I can do it myself.
- 🧑 Make sure you step on the step stool to sit on the toilet.
- 👧 When I'm done peeing, could you help me wash my hands?
- 🧑 Okay and don't forget to flush.

55-1 휴대폰은 이제 그만

- 🧑 Yoon, it's already been thirty minutes.
  You've watched too many episodes today.
- 🧒 But I'm in the middle of watching an episode.
- 🧑 I know, but you can finish tomorrow.
  That's enough for today.